Orando SALMOS

Rua das Missões, 696 - Ponta Aguda
Blumenau - SC | CEP 89051-000

Texto:
Ana Cristina de Mattos Ribeiro
William Graham

Editoração e Diagramação:
Big Print

Revisão:
Karin E. Rees de Azevedo

Imagem capa:
Shutterstock

IMPRESSO NA ÍNDIA
www.todolivro.com.br

Dados Internacionais de Catalogação na Publicação (CIP)
(Câmara Brasileira do Livro, SP, Brasil)

Graham, William; Ribeiro, Ana Cristina de Mattos
Orando Salmos / William Graham; Ana Cristina de Mattos Ribeiro.
Blumenau, SC: SBN, 2018.

ISBN 978-85-376-3740-1

1. Bíblia. A.T. Salmos 2. Orações.

18-12619 CDD 223.2

Índices para catálogo sistemático:

1. Salmos : Bíblia : Antigo Testamento 223.2

Ana Cristina de Mattos Ribeiro
William Graham

Orando SALMOS

SBN
EDITORA

INTRODUÇÃO

"Deus é o nosso refúgio e fortaleza, socorro bem presente na angústia."

Salmos 46:1

O livro de Salmos é composto de 150 cânticos e poemas proféticos, cuja a autoria é atribuída, em sua maioria, ao Rei Davi. Do hebraico "*Tehillin*" = cânticos de louvor, do grego "*Psalmói*" = oração cantada e acompanhada por instrumentos musicais, é um dos livros mais citados por escritores do Novo Testamento.

Os Salmos são orações com certas finalidades, que manifestam a fé que os pobres e oprimidos têm no Deus libertador, o qual ouve seus clamores e se faz sempre presente e disposto a se aliar a eles. Até mesmo Jesus orava os Salmos, e Sua vida e ação trouxeram significado pleno para o sentido que essas orações já possuíam.

Os textos contém algumas das mais ricas expressões de louvor já escritas. Sejam musicados, recitados, individualmente ou em silêncio, não importa, ainda assim serão como poemas de louvores, uma oração, um bálsamo para todo e qualquer tipo de sofrimento da alma e do coração. Há Salmos para diversos fins: para louvar, para dar graças, para suplicar, lamentar-se etc.

Para se obter as vitórias que se deseja, é necessário estar "conectados" a Deus, a fim de recarregar forças espirituais. Através da leitura dos Salmos se pode alimentar a fé e, acima de tudo, fortalecê-la. Sim, caro leitor, acredite: é possível alcançar muitas vitórias, senão todas, pois aquele que anda com Deus não conhece o que é derrota.

Ore os Salmos, cante os Salmos, leia os Salmos, medite os Salmos! Tome posse de sua vitória, receba suas bênçãos e seja feliz em sua vida.

"Bem-aventurado aquele que tem o Deus de Jacó por seu auxílio, e cuja esperança está posta no Senhor seu Deus."

Salmos 146:5

Deleite-se no Senhor, e

Ele atenderá aos desejos

do seu coração.

Salmos 37:4

ÍNDICE TEMÁTICO

ÍNDICE

SALMOS

PARA CADA PROBLEMA, UM SALMO

Cada Salmo possui um objetivo ou benefício específico que, quando aliado a sua devoção e fé são capazes de curar tanto os males do corpo quanto os males da alma.

Os Salmos são universais e orá-los independe de qual seja a sua crença religiosa. Eles representam a parte da Bíblia na qual o povo se dirigia mais a Deus. Era uma forma de comunicação antiga, a qual era expressada tanto em forma de orações quanto em forma de louvores. Na época em que foram escritos, tratavam um pouco de tudo, conforme a necessidade de seus autores: de lamentações individuais aos hinos por vitórias, de exaltações pelo rei à proclamação da glória de Deus, e também manifestações de alegria inerentes aos acontecimentos da época.

Você ficará surpreso ao descobrir nas páginas seguintes que, para cada situação, cada problema, existe um Salmo apropriado para você orar e alcançar o que deseja.

Mantenha-se na fé, ore e persevere SEMPRE!

MAIS PRÓXIMOS DE DEUS

"A oração feita por um justo pode muito em seus efeitos."

Tiago 5:16

Então por que duvidar? A cura através dos Salmos não é física e sim espiritual. Para isso, você deve utilizar toda a sua fé incondicional em Deus. Neles você encontra uma forma simples, porém poderosa, de se aproximar de Deus. Além disso, os Salmos trazem lições para toda a vida e maneiras de como lidar com os problemas que se enfrentam no dia a dia. Se você tem fé e esperança, basta orar e comprovar que Deus nunca falha e nem tampouco abandona os seus.

COMO DEVO PEDIR?

O ato de orar deve ser algo que faça parte da rotina, assim como comer, beber etc., desta forma fica mais fácil entrar em sintonia com Deus. Segue abaixo algumas dicas de como fazer isso acontecer.

Planeje ter seu TSD (Tempo a Sós com Deus), diariamente.

Escolha um lugar calmo e tranquilo. Esqueça o mundo lá fora.

Agora é só você e Deus. Ouça apenas o som da sua voz.

Concentre-se. Coloque em palavras sua necessidade ou intenção.

Não há necessidade de ser repetitivo. Basta pedir apenas uma vez. Lembre-se de que Deus conhece seus pensamentos, intenções e sentimentos. O Salmo 139:4 diz: "*Antes mesmo que eu fale, tu já sabes o que vou dizer*".

Demonstre humildade em suas orações, isso é fundamental.

Recite o Salmo em voz alta para "sentir" a presença de seu som. Essa é a maneira mais correta. Lembre-se que eles são hinos, cânticos, são a forma de você poder entrar em contato com Deus mais facilmente.

O segredo para ter suas preces atendidas é JAMAIS duvidar do poder de Deus.

Lembre-se: insegurança não o levará a resultado algum. Seja otimista e CONFIE naquilo que deseja, enquanto ora os Salmos.

BUSCANDO O AMOR

"Assim, eles já não são dois, mas sim uma só carne. Portanto, o que Deus uniu, ninguém separe."

Mateus 19:6

Deus criou o homem a sua imagem e semelhança, e depois criou a mulher para ser sua companheira. Ele os abençoou e derramou sobre eles a Sua graça.

UM AMOR PARA SUA VIDA

Salmos 43 e 142 - Atrair um amor honesto.
Salmo 85 - Devolver as qualidades da alma e do coração, fortalecendo a capacidade de amar.
Salmo 114 - Conservar seu amor sempre verdadeiro.
Salmo 144 - Purificar o coração, cultivar bons sentimentos e solucionar problema amoroso.
Salmo 23 - Purificar os sentimentos do coração.

SOFRENDO POR AMOR

Salmo 93 - Aliviar as dores do coração.
Salmo 99 - Purificar os corações e conscientizar a mente dos homens, deixando a alma em exaltação.
Salmo 40 - Especial para relacionamentos que não dão certo, que trazem sofrimento moral, amores contrariados.

PAZ ENTRE O CASAL

Salmos 21 e 130 - Proteger contra agressividade, afastar pessoas maldosas e mentirosas, proporcionar paz.

MATRIMÔNIO

Salmo 119 - Favorecer o matrimônio e a felicidade no lar.
Salmo 144 - Tomar a decisão certa se deve casar ou não.

TRAIÇÃO

Salmo 13 - Combater tentações e amores impuros.
Salmo 53 - Afastar quem deseja e/ou faz o mal.

GRAVIDEZ

Salmos 16, 36 e 101 - Bons para a fecundidade.
Salmos 105 e 106 - Tornar, especificamente, as mulheres mais férteis.

BUSCANDO PAZ DE ESPÍRITO

"Deixo a paz a vocês; a minha paz dou a vocês. Não a dou como o mundo a dá. Não se perturbe o seu coração, nem tenham medo."

João 14:27

Sua oração é poderosa. Através dela é possível livrar-se da maldade alheia, ter paz, e viver uma vida tranquila.

DEVOÇÃO

Salmos 133, 135, 145 e 149 - Ser vitorioso pela fé em Cristo, em ações de graças, ter confiança absoluta em Deus.
Salmo 150 - Pedir harmonia universal, em louvor a Deus.
Salmos 30, 94 e 139 - Afastar maus espíritos e feitiçaria.
Salmo 146 - Pela união das religiões.

Salmo 46 - Aumentar a fé.
Salmo 62 - Ofertar a si mesmo a Deus, para seguir carreira religiosa.
Salmo 76 - Combater perturbações da alma, aumentar o amor à prece e à meditação.
Salmo 77 - Combater a falta de fé.
Salmo 82 - Contra explorações religiosas.
Salmo 83 - Fé e santidade aos dirigentes da igreja (Pastores, Padres etc.).
Salmo 95 - Glorificação a um único Deus, respeito aos lugares sagrados.
Salmo 109 - Pela união com Cristo.
Salmos 122, 123, 128 e 131 - Aumentar o temor e o amor a Deus. Desejar santidade.

SANTOS E ANJOS

Salmo 98 - Pedir ajuda ao seu anjo da guarda, ou ao santo de sua devoção.
Salmo 131 - Aumentar o desejo de atingir santidade.

TRISTEZA

Salmos 6, 8, 39 e 40 - Acalmar o coração, buscar alívio para o sentimento de desamparo ou tristeza.

TRANQUILIDADE E PAZ

Salmo 20 - Obter tranquilidade de espírito, equilíbrio entre corpo e alma.
Salmo 150 - Clamar pela paz entre as nações da Terra.

PAZ UNIVERSAL

Salmos 45, 71 e 132 - Pedir por paz e fraternidade universal.

FORÇA

Salmo 22 - Força para lutar e enfrentar todas as provações da vida.
Salmo 44 - Iluminação espiritual em momentos difíceis.

AMPARO

Salmos 26 e 67 - Reforçar a espiritualidade, obter amparo aos órfãos, prisioneiros e abandonados.
Salmo 60 - Proteger os exilados.
Salmo 38 - Combater perturbações do espírito.
Salmo 61 - Combater maldições que trazem atribulações à vida material.

FÉ

Salmo 138 - Obter a fé necessária para continuar no caminho do bem, pela vitória da luz sobre as trevas.
Salmo 136 - Suportar as dores do exílio.
Salmo 133 - Dar e receber bons exemplos de fé.
Salmo 115 - Trazer fé e amor.

SOLIDÃO

Salmo 18 - Apaziguar o coração, eliminar o sentimento de angústia causado pela solidão.

HUMILDADE

Salmo 137 - Proteger os humildes.
Salmo 134 - Combater a ambição desmedida, a qual transforma os corações em pedra.
Salmo 143 - Excesso de luxo.
Salmo 96 - Iluminar os justos. Divulgação da caridade e das leis de Deus.

RIQUEZA ESPIRITUAL

Salmos 136 e 137 - Obter iluminação espiritual no momento de solucionar casos difíceis.

FORÇA NAS PROVAÇÕES

Salmo 117 - Enfrentar as inúmeras provações da vida, quando sentir que suas forças estão se esgotando, para aumentar a confiança em Deus.
Salmos 65 e 120 - Afastar o temor de enfrentar as lutas da vida, principalmente, quando precisar tomar decisões dolorosas.

CONSOLO

Salmo 125 - Ajudar uma outra pessoa, que esteja aflita e em prantos, pedindo em benefício dela.
Salmo 124 - Voltar a obter a confiança em Deus, ao sentir-se desamparado, pensando que Ele o(a) abandonou, necessitando de proteção.
Salmos 41 e 80 - Ter consolo nas horas de desespero e durante sofrimento no exílio.
Salmo 42 - Amenizar perturbações da alma.
Salmo 89 - Combater fraqueza e desânimo.

Salmo 37 - Livrar da maldade de um inimigo.
Salmo 40 - Evitar o sentimento de querer o mal a outra pessoa.
Salmo 111 - Evitar a inveja, atrair o bem, a felicidade e os bons ensinamentos.

MENTIRA E ORGULHO

Salmos 11 ou 33 - Evitar a tentação de mentir ou deixar-se levar pelo orgulho excessivo que causa diversos males. Quando for vítima de mentiras de alguém.
Salmos 25 e 115 - Proteger-se da mentira alheia.
Salmos 57, 88 e 105 - Afastar as falsidades.
Salmo 108 - Confundir os maus, afastar os mentirosos e caluniadores.

BUSCANDO UMA SAÚDE PERFEITA

"Se podes?", contestou-lhe Jesus: "Tudo é possível para aquele que crê!".

Marcos 9:23

A fé influencia na saúde. Práticas como oração e meditação podem auxiliar na busca de equilíbrio entre o corpo e a alma.

DORES

Salmo 34 - Tratar dores em geral, buscar alívio e cura para os males.

DORES ESPECÍFICAS:

CABEÇA

Salmos 3 e 7 - Aliviar fortes dores de cabeça.

DENTES

Salmo 3 - Aliviar dores nos dentes.

VENTRE

Salmo 21 - Aliviar as dores no ventre e proteger contra possíveis males.

PEITO

Salmo 21 - Todas as vezes em que a dor no peito aparecer.

OUVIDOS

Salmos 93 ou 113 - Aliviar as dores de ouvido. Poderosos para a solução de problemas nessa região.

DOENÇAS EM GERAL

Salmos 31, 37 e 105 - Perfeitos para o tratamento de doenças em geral.

DOENÇAS GRAVES OU INCURÁVEIS

Salmo 9 - Em casos de doenças graves e incuráveis. Ler todos os dias, pedindo a melhora da pessoa enferma.

DOENÇAS DE GARGANTA

Salmo 3, 68 e 113 - Pela cura de doenças na região da garganta. Garantem alívio e até mesmo a cura para esses males.
Salmos 3 e 68 - Restaurar a perda de voz.

DOENÇAS DO SANGUE

Salmos 6, 72 e 123 - Indicados para ajudarem na cura daqueles que sofrem de problemas no sangue.

DOENÇAS DO CORAÇÃO

Salmos 13, 21, 72, 93 ou 101 - Proteger de doenças que atingem o coração. Orar diariamente.

DOENÇAS DO ESTÔMAGO

Salmo 13 - A leitura diária deste Salmo ajuda a resolver os problemas de estômago.
Salmo 106 - Alívio para enjoos.

DOENÇAS NOS RINS

Salmos 15 e 72 - Ler com fé e pedir por proteção e cura das doenças que atacam os rins.

DOENÇAS DA BOCA

Salmo 113 - Poderoso no tratamento de doenças que atingem a boca.

DOENÇAS DOS PÉS

Salmo 113 - Combater as doenças que atacam os pés. Orar com toda a sua fé e energia.

DOENÇAS DO NARIZ

Salmo 113 - Ajudar no tratamento de doenças que afetam o nariz.

DOENÇAS DAS MÃOS

Salmo 113 - Proteger as mãos.

DOENÇAS DOS MEMBROS

Salmo 72 - Pedir proteção e cura para as doenças que atacam os membros.

DOENÇAS NERVOSAS

Salmo 12 - Receber proteção contra os males que envolvem doenças no sistema nervoso.

DOENÇAS MENTAIS

Salmo 72 - A leitura diária deste Salmo ajuda a clarear as ideias perturbadas e tratar problemas mentais.
Salmo 68 - Loucura.

INSÔNIA

Salmos 4, 8, 76, 62, 101, 126 e 131 - Garantir uma noite tranquila de sono àqueles que sofrem de insônia.

MALES DOS OLHOS

Salmos 6, 10, 12, 93, 113, 122 e 130 - Alívio e cura das dores nos olhos.

MALES DOS OSSOS

Salmos 6, 21 e 101 - Obter cura para os males dos ossos.

MALES DA FALA

Salmo 38 - Proteger dos males da fala.

MALES DO REUMATISMO

Salmo 15 - Encontrar alívio necessário em um momento de crise de reumatismo.

VÍCIOS

Salmos 12 e 72 - Deve ser orado, diariamente, pela própria pessoa que deseja se livrar dos vícios.
Salmo 16 - Afastar o vício de uma outra pessoa, da família ou amiga. Orar o Salmo com muita fé, durante 7 dias seguidos.
Salmo 68 - Afastar vício da bebida, embriaguez.

FEBRE

Salmos 13, 15, 34 ou 37 - Ajudar a baixar a febre.

TUBERCULOSE

Salmos 21 e 72 - Combater e ajudar na cura da doença.

ANEMIA

Salmos 21 e 72 - Combater e tratar a doença.

CONSERVAR A SAÚDE

Salmo 29 - Manter perfeita a própria saúde ou a saúde de outra pessoa. Orar diariamente.

PARALISIA

Salmo 72 - Proteger e combater a paralisia.

FRAQUEZA EM GERAL

Salmo 72 - Restabelecer os ânimos e a força pessoal daqueles que sentem uma fraqueza generalizada.

SAÚDE DOS FILHOS

Salmo 126 - Orar diariamente, pedindo por proteção à saúde de seus filhos.

ACIDENTES

Salmo 2 - Ter proteção contra acidentes em geral.

DOENÇAS COMUNS NA INFÂNCIA

Salmo 8 - Proteger as crianças de doenças comuns na infância. Orar diariamente.

AGRADECER PELA CURA

Salmo 18 - Agradecer pela cura de uma doença.
Salmo 65 - Voltar à vida normal após restabelecimento de uma doença.

BUSCANDO O MELHOR PARA AS PLANTAS, OS ANIMAIS E A NATUREZA

"Eu fiz a terra, os seres humanos e os animais que nela estão, com o meu grande poder e com meu braço estendido, e eu a dou a quem eu quiser."

Jeremias 27:5

Deus é o Criador de todas as coisas, incluindo plantas, animais e a natureza.
Como nossos aliados, também necessitam de nosso auxílio e de intervenção por proteção.

PROTEÇÃO AOS FRUTOS DA TERRA

Salmos 62 e 66 - Obter sucesso com o plantio. Interceder para que não falte comida e que a fartura possa chegar à mesa de todos.

BÊNÇÃO SOBRE A TERRA E JARDINS

Salmo 84 - Manter os campos férteis.
Salmos 95 e 106 - Manter os campos produtivos.

DEFESA

Salmo 73 - Proteger as pessoas contra o fanatismo das religiões e maus espíritos. Proteger os animais do campo contra animais venenosos, tempestades, inundações, empreendimentos desonestos. Pedir bom tempo de colheita. Descobrir fontes de água.
Salmos 134 e 143 - Desastres naturais (ciclones, terremotos, deslizamentos, enchentes, vendavais, raios).
Salmos 76 e 103 - Cercar-se de muita proteção.

ANIMAIS

Salmos 13, 31, 57 e 123 - Proteção contra ataques de animais selvagens.
Salmo 143 - Fertilidade dos animais domésticos.
Salmos 49, 64, 134 - Ajuda para os animais domésticos.
Salmos 35 e 103 - Proteger pessoas, animais e casas.

PROSPERIDADE

Salmo 67 - Aumentar a riqueza dos rebanhos.

BENEFÍCIOS

Salmos 4, 49, 64, 71 e 146 - Atrair chuvas benéficas. Proteção para os campos e jardins.

CALAMIDADES

Salmo 45 - Evitar qualquer tipo de calamidade pública.

RAIOS E DESASTRES NATURAIS DIVERSOS

Salmo 28 - Desastres naturais diversos, ler uma vez por semana.
Salmo 64 - Afastar maremoto.
Salmos 10, 65 e 106 - Calamidades tais como: incêndios, calor excessivo.
Salmos 10, 106 e 147 - Inverno rigoroso e tempestades com raios.
Salmo 92 - Transbordamento de rios e mares.

CALAMIDADE NO CAMPO

Salmo 65 - Temperaturas muito altas que prejudicam as lavouras.
Salmo 82 - Incêndios em florestas e montanhas.

BUSCANDO SOCORRO URGENTE

"Deus é o nosso refúgio e a nossa fortaleza, auxílio sempre presente na adversidade."

Salmos 46:1

Deus é socorro sempre presente.
Ore os Salmos abaixo para aquelas questões que precisam de socorro imediato, geralmente, aquelas que envolvem causas na justiça.

PROCESSOS JUDICIAIS

Salmo 6 - Processos injustos. Amenizar sentimento de tristeza e desamparo nesse momento difícil.
Salmo 7 - Obter socorro urgente.
Salmos 4, 17, 36 e 74 - Ganhar um processo de forma justa.
Salmo 118 - Ganhar processo judicial.

PROBLEMAS COMPLICADOS

Salmo 3 - Facilitar a execução das coisas mais difíceis.
Salmo 27 - Proteção em ocasiões mais perigosas.
Salmo 142 - Luz em casos difíceis.
Salmo 45 - Fortalecimento para enfrentar problemas pessoais sem temor.

INJUSTIÇAS COMETIDAS

Salmo 75 - Partilha justa do trabalho e da riqueza. Fim da tirania. Atrair fraternidade.
Salmo 121 - Atrair prosperidade, paz e justiça.
Salmos 68 e 122 - Fuga de imposições injustas, tal como: obrigar você a fazer algo que não é justo e correto.
Salmo 34 - Proteção àqueles abandonados e perseguidos injustamente, vítimas de traição ou tramas.
Salmo 35 - Castigo divino aos pecadores e criminosos.
Salmo 57 - Encontrar justiça divina.
Salmo 62 - Punição de falsas testemunhas.
Salmo 63 - Armadilhas contra inocentes. Calúnias, crueldade, língua venenosa, invenções diabólicas.
Salmo 66 - Justiça universal.
Salmo 71 - Condenação dos caluniadores.
Salmo 100 - Orgulho de terceiros, vaidade, maldade.

BUSCANDO PROTEÇÃO

"O ladrão não vem, senão para roubar, matar e destruir. Eu vim para que as ovelhas tenham vida, e vida em plenitude."

João 10:10

Não desanime e nem tampouco desista.
Creia, persevere e, principalmente, utilize a sua FÉ!

CONTRA BANDIDOS E LADRÕES

Salmo 5 - Defesa contra ladrões.
Salmos 11, 26 e 147 - Proteção contra ladrões.
Salmo 54 - Ataques de inimigos e ladrões. Traições. Medo.
Salmo 58 - Proteção contra opressores, assassinos e bandidos.
Salmos 61, 88 e 90 - Proteção contra roubos, de um modo geral.

CONTRA ENGANADORES

Salmos 14 e 21 - Proteção contra enganadores, golpistas.

PERIGOS EM GERAL

Salmo 43 - Roubo, guerras, separação entre nações, perigos políticos.
Salmo 61 - Atrair amor à pátria.
Salmo 134 - União entre as nações.
Salmo 138 - Progresso da humanidade.
Salmo 78 - Guerras.
Salmo 59 - Amenizar angústias causadas por tragédias no país.

Salmo 77 - Proteção ao dirigente da nação. Epidemias, doenças transmitidas por animais e insetos nocivos. Excessos alimentares.
Salmo 107 - Invasão de exércitos estrangeiros.
Salmo 125 - Proteção àqueles que retornam à pátria.
Salmo 2 - Acidentes.

PROTEÇÃO DO LAR

Salmo 47 - Proteção para o lar contra maus espíritos.

VIAGENS

Salmo 67 - Proteção para viagens. Naufrágios e desastres naturais.
Salmos 36, 67, 118, 120 e 142 - Proteção para viagens, de um modo geral.
Salmo 138 - Viagens de avião.

BUSCANDO BOAS AMIZADES

"Em todo tempo ama o amigo, e na angústia se faz o irmão."
Provérbios 17.17

Encontrar amizades verdadeiras é muito difícil, principalmente em tempos de rede sociais.
Deve-se cultivar as amizades sinceras e manter os inimigos afastados.

AMIZADES

Salmo 140 - Saber diferenciar a amizade verdadeira e os bajuladores. Prudência no uso certo das palavras, para não ofender as pessoas de quem se gosta.
Salmo 93 - Viver em paz com os outros.
Salmos 139 e 141 - Proteger contra calúnia e falsidade dos falsos amigos.
Salmo 97 - Proteção contra inimigos. Harmonia.
Salmo 50 - Lealdade.
Salmo 112 - Conquistar a amizade de alguém.
Salmo 24 - Boas amizades.

PESSOAS DESAPARECIDAS

Salmo 25 - Por pessoas que estão desaparecidas.

PERSEGUIÇÃO

Salmo 51 - Proteção contra perseguidores injustos. Pessoas invejosas, caluniadoras e negativas. Desespero, infelicidades e desânimo.
Salmo 57 - Pessoas que fazem feitiços.
Salmo 52 - Opressão, tirania e todos os tipos de maldade.
Salmo 54 - Temores, perturbações e inimizades.

FALSOS AMIGOS

Salmo 33 - Revelação de falsos amigos.
Salmo 30 - Afastar pessoas mentirosas.
Salmo 55 - Inimigos sem piedade e teimosos.
Salmo 56 - Angústia, inquietação e calúnias.
Salmo 38 - Intrigas e fofocas.
Salmos 2 e 87 - Livrar-se dos inimigos.

Salmo 4 - Abandono, traições e calúnias.
Salmo 23 - Falsidade.
Salmo 24 - Armadilha dos inimigos.
Salmo 93 - Evitar a vingança.
Salmo 85 - Não ter medo do inimigo.
Salmo 107 - Aliança contra inimigos em comum.
Salmos 128 e 130 - Vitória contra os inimigos.

ORANDO PELA FAMÍLIA

"Se alguém não cuida de seus parentes, e especialmente dos de sua própria família, negou a fé e é pior que um descrente."

1 Timóteo 5:8

Use sua fé para pedir por paz, saúde e união a sua família.

CRIANÇAS

Salmo 147 - Bênçãos para as crianças.
Salmo 126 - Fertilidade do casal e saúde dos filhos.
Salmos 67 e 81 - Proteção aos órfãos e oprimidos.
Salmo 113 - Proteção para as crianças, de um modo geral.

JOVENS

Salmo 143 - Jovens perdidos, desamparados e desorientados.

FAMÍLIA

Salmo 126 - Proteção da família, do lar e da cidade onde resi-

dem.
Salmo 29 - Filhos terem respeito pelos pais.
Salmo 100 - Vida pura e honesta. Manter o pecado longe de sua família.
Salmo 127 - Felicidade para uma família com muitos membros.
Salmo 97 - Harmonia em família.
Salmo 20 - Perdas de membros da família. Perturbações da alma.
Salmo 32 - Paz em família.

LAR

Salmo 114 - Harmonia no lar.
Salmo 27 - Maus conselheiros e más companhias.
Salmos 30 e 79 - Proteção contra vizinhos invejosos, olho gordo e feitiços.
Salmo 106 - Escolha de uma casa nova.
Salmo 36 - Agilidade nas mudanças.

VELHICE

Salmos 29 e 77 - Velhice tranquila.
Salmos 34 e 67 - Viúvas.
Salmo 113 - Proteção aos idosos.

ENTES QUERIDOS JÁ FALECIDOS

Salmo 129 - Pessoas já falecidas e almas sofredoras. Paz para as almas daqueles que já se foram, porém aparecem em seus sonhos.
Salmo 38 - Conforto na hora da morte.
Salmo 48 - Afastar o medo da morte.

BUSCANDO O SUCESSO NA CARREIRA E NOS NEGÓCIOS

"Consagre ao Senhor tudo o que você faz, e os seus planos serão bem-sucedidos."

Provérbios 16:3

O trabalho provê o sustento material. Por isso, também se deve orar por ele.

CONTRA A POBREZA

Salmos 4, 9, 34, 39, 67 e 81 - Afastar a pobreza.
Salmo 69 - Êxito nos negócios. Pagamento de dívidas e empréstimos.
Salmo 73 - Glorificação de pessoas pobres.
Salmo 106 - Fome e sede.

SUCESSO NA CARREIRA

Salmos 11, 19 e 89 - Êxito nos projetos de vida.
Salmo 18 - Desenvolvimento rápido dos dons naturais.
Salmo 39 - Boa memória e inteligência.
Salmo 54 - Perda de memória.
Salmo 39 - Prestar concurso público.
Salmos 50 e 89 - Sabedoria.
Salmo 79 - Destaque e reconhecimento pelo talento que possui.

EMPREGO

Salmo 113 - Boa relação entre empregado e empregador.

Salmo 118 - Conseguir emprego.
Salmos 9, 64 e 142 - Definição de carreira.

AJUDA PODEROSA

Salmo 25 - Obter amizade e favor de pessoas poderosas.
Salmo 14 - Avareza.
Salmo 33 - Falta de sucesso nos negócios. Bom desempenho das tarefas recebidas.
Salmo 48 - Prudência e sabedoria.
Salmo 90 - Obtenção de empréstimos. Conquista de altos cargos.

PACIÊNCIA

Salmo 102 - Paciência para as tarefas difíceis. Manter-se no emprego. Dar conta de tarefas árduas. Paciência em assuntos familiares e do lar.

COMÉRCIO

Salmos 104 e 120 - Fama. Sucesso no comércio.
Salmo 127 - Crescimento. Prosperidade com honestidade.
Salmo 61 - Abuso de confiança.

RIQUEZA MATERIAL

Salmos 22, 104 e 143 - Abundância e paz.
Salmo 67- Prosperidade ao empreendimento.
Salmos 87 e 117 - Prosperidade em geral.
Salmo 38 - Desprendimento do apego exagerado aos bens materiais.
Salmos 20 e 26 - Tranquilidade de espírito.

LUTA

Salmo 87 - Disposição para o trabalho.

HERANÇA

Salmos 15 e 60 - Graça para recebimento rápido de uma herança.

UM SALMO PARA CADA PROFISSÃO

"Cada um permaneça na profissão em que foi chamado por Deus."

I Coríntios - 7:20

A seguir, uma pequena lista com algumas das profissões existentes e o(s) Salmo(s) indicado(s) para que você possa orar e pedir intervenção divina por cada uma delas.

Artista - Salmo 17
Bancário - Salmo 2
Cantor(a) - Salmo 84
Comerciante - Salmo 2
Comerciário - Salmo 2
Comunicador - Salmos 80, 110 e 147
Deputado(a) - Salmo 106
Enfermeiro(a) - Salmo 70
Esportista - Salmo 92
Esteticista (ou profissões ligadas à beleza) - Salmos 86, 44 e 95
Estudante - Salmos 31 e 33

Explorador marítimo - Salmo 106
Inventor - Salmo 92
Jornalista - Salmos 80, 110 e 147
Médico(a) - Salmo 70
Músico - Salmo 80
Navegador - Salmo 106
Pesquisador(a) - Salmo 106
Político (Vitória em eleições e decisões sábias) - Salmo 88
Pregador (Pastor, padre, frei) - Salmo 88
Radialista - Salmos 80, 110 e 147
Repórter - Salmos 80, 110 e 147
Senador - Salmo 106
Viajante - Salmo 10

A IMPORTÂNCIA DE AGRADECER

"Bom é render graças ao Senhor, e cantar louvores ao teu nome, ó Altíssimo."

Salmos 92:1

Apesar de toda a correria diária da vida moderna - trabalho, estudo, afazeres domésticos etc - importante estar educado e desenvolver o hábito de dar graças... por absolutamente TUDO e TODOS! Agradeça pelo seu lar, por mais humilde que seja, pelo alimento, pela sua saúde e a dos seus entes queridos. Agradeça pelo emprego que tem, mesmo não sendo o tão sonhado, pois é ele que provê o seu sustento e de sua família.

Na maioria das vezes, as pessoas agem como filhos egoístas, apenas pedindo coisas que desejam, segundo a sua vontade, e se esquecem do principal: AGRADECER. O ato de agradecer em si já atrai o melhor para sua vida, faz bem ao coração

e alimenta a alma.
Deve-se agradecer pelo que se TEM, por aquilo que já se RECEBEU e, principalmente, por tudo aquilo que ainda se RECEBERÁ.
Quando se agradece a Deus não se faz para agradá-lo, mas sim para glorificá-Lo. Demonstrar gratidão a Deus permite com que as pessoas se tornem melhores, mais humildes e dependentes de Deus.
Com esse interesse foram separados abaixo alguns Salmos para que sejam utilizados como orações de agradecimento por tudo que se tem conseguido até este momento de vida.

Salmo 24 - Obtenção da misericórdia de Deus. Cumprimento de uma promessa.
Salmo 28 - Ação de graças. Adoração e temor a Deus.
Salmo 31 - Alcançar perdão pelos pecados.
Salmo 46 - Agradecimento por êxito alcançado.
Salmo 56 - Ação de graças. Exaltação após obtenção de êxito.
Salmo 61 - Submissão à vontade divina.
Salmos 64 e 148 - Ação de graças.
Salmo 68 - Agradecimento e devoção a Deus.
Salmo 110 - Ação de graças por justiça e igualdade.
Salmo 116 - Ação de graças pela união dos povos e das nações.
Salmo 117 - Proteção em festas, realizadas com o intuito de agradecer algo.

ALGUNS VERSÍCULOS PARA EDIFICAR A SUA FÉ

"Ainda que eu andasse pelo vale da sombra da morte, não temeria mal algum, porque tu estás comigo; a tua vara e o teu cajado me consolam."

Salmos 23:4

"Tu, ó Senhor Deus, és tudo o que tenho. O meu futuro está em Tuas mãos. Tu diriges a minha vida."

Salmos 16:5

"Guarda-me, ó Senhor, das mãos do ímpio; guarda-me do homem violento; os quais se propuseram transtornar os meus passos."

Salmos 140:4

"Lâmpada para os meus pés é a tua palavra. E luz para o meu caminho."

Salmos 119:105

"O Senhor é a minha luz e a minha salvação. A quem temerei? O Senhor é a força da minha vida. De quem me recearei?"

Salmos 27:1

"Grande é o nosso Senhor, e de grande poder; o seu entendimento é infinito."

Salmos 147:5

"O Senhor fica perto dos que estão desanimados e salva os que perderam a esperança."

Salmos 34:18

"O Senhor sustenta a todos os que caem, e levanta a todos os abatidos."

Salmos 145:14

"Bendito seja Deus, que não me rejeita a oração, nem retira de mim o seu amor."

Salmos 66:20

"Justo é o Senhor em todos os seus caminhos, e santo em todas as suas obras."

Salmos 145:17

"Sustenta-me conforme a tua palavra, para que viva, e não me deixes envergonhado da minha esperança."

Salmos 119:116

"Grandes coisas fez o Senhor por nós, pelas quais estamos alegres."

Salmos 126:3

"Chegue a ti o meu clamor, ó Senhor; dá-me entendimento conforme a tua palavra."

Salmos 119:169

SALMOS

1 Os justos e os ímpios

(Atrai o bem e a prosperidade. Protege quem lida com a terra).

1 Bem aventurado o homem que não anda segundo o conselho dos ímpios, nem se detém na caminho dos pecadores, nem se assenta na roda dos escarnecedores.

2 Antes, o seu prazer está na lei do SENHOR, e na sua lei medita de dia e de noite.

3 Ele é como árvore plantada junto a corrente de águas, que, no devido tempo, dá o seu fruto, e cuja folhagem não murcha; e tudo quanto ele faz será bem-sucedido.

4 Os ímpios não são assim; são, porém, como a palha que o vento dispersa.

5 Por isso, os perversos não prevalecerão no juízo, nem os pecadores, na congregação dos justos.

6 Pois o SENHOR conhece o caminho dos justos; mas o caminho dos ímpios perecerá.

2 O reinado do Ungido de Deus

(Traz proteção contra acidentes).

1 Por que se enfurecem os gentios e os povos imaginam cousas vãs?

2 Os reis da terra se levantam e os príncipes conspiram contra o SENHOR e contra o seu Ungido, dizendo:

3 Rompamos os seus laços e sacudamos de nós as suas algemas.

4 Ri-se aquele que habita nos céus; o SENHOR zomba deles.

5 Na sua ira, a seu tempo, lhes há de falar e no seu furor os confundirá.

6 Eu, porém, constituí o meu Rei sobre o meu santo monte Sião.

7 Proclamarei o decreto do SENHOR: Ele me disse: Tu és meu Filho, eu, hoje, te gerei.
8 Pede-me, e eu te darei as nações por herança e as extremidades da terra por tua possessão.
9 Com vara de ferro as regerás e as despedaçarás como um vaso de oleiro.
10 Agora, pois, ó reis, sede prudentes; deixai-vos advertir, juízes da terra.
11 Servi ao SENHOR com temor e alegrai-vos com tremor.
12 Beijai o Filho para que se não irrite, e não pereçais no caminho; porque dentro em pouco se lhe inflamará a ira. Bem-aventurados todos os que nele se refugiam.

3 Confiança em Deus, na adversidade.

(Ajuda a solucionar problemas difíceis. Protege contra os inimigos. Atrai sono tranquilo).

1 SENHOR, como tem crescido o número dos meus adversários! São numerosos os que se levantam contra mim.
2 São muitos os que dizem de mim: Não há em Deus salvação para ele.
3 Porém tu, SENHOR, és o meu escudo, és a minha glória e o que exaltas a minha cabeça.
4 Com a minha voz clamo ao SENHOR, e ele do seu santo monte me responde.
5 Deito-me e pego no sono; acordo, porque o SENHOR me sustenta.
6 Não tenho medo de milhares do povo que tomam posição contra mim de todos os lados.
7 Levanta-te, SENHOR! Salva-me, Deus meu, pois feres nos queixos a todos os meus inimigos e aos ímpios quebras os dentes.
8 Do SENHOR é a salvação, e sobre o teu povo, a tua benção.

4 Confiança em Deus, na angústia.

(Favorece os ganhos de causa na justiça. Atrai bom êxito. Reduz a insônia e os sentimentos de angústia).

1 Responde-me quando clamo, ó Deus da minha justiça; na
angústia, me tens aliviado; tem misericórdia de mim e ouve
a minha oração.
2 Ó homens, até quando tornareis a minha glória em vexa-
me, e amareis a vaidade e buscareis a mentira?
3 Sabei, porém, que o SENHOR distingue para si o piedo-
so; o SENHOR me ouve quando eu clamo por ele.
4 Irai-vos e não pequeis; consultai no travesseiro o coração
e sossegai.
5 Oferecei sacrifícios de justiça e confiai no SENHOR.
6 Há muitos que dizem: Quem nos dará a conhecer o bem?
SENHOR, levanta sobre nós a luz do teu rosto.
7 Mais alegria me puseste no coração, do que a alegria deles,
quando lhes há fartura de cereal e de vinho.
8 Em paz também me deito e logo pego no sono, porque,
SENHOR, só tu me fazes repousar seguro.

5 Proteção contra os inimigos.

(Afasta a indolência, a preguiça, os sentimentos inferiores. Protege contra a hipocrisia, a maldade e a violência)

1 Dá ouvidos, SENHOR, às minhas palavras e acode ao meu
gemido.
2 Escuta, Rei meu e Deus meu, a minha voz que clama, pois
a ti é que imploro.
3 De manhã, SENHOR, ouves a minha voz; de manhã te
apresento a minha oração e fico esperando.
4 Pois tu não és Deus que se agrade com a iniquidade, e
contigo não subsiste o mal.
5 Os arrogantes não permanecerão à tua vista; aborreces a
todos os que praticam a iniquidade.

6 Tu destróis os que proferem mentira; o SENHOR abomina ao sanguinário e ao fraudulento;
7 porém eu, pela riqueza da tua misericórdia, entrarei na tua casa e me prostrarei diante do teu santo templo, no teu temor.
8 SENHOR, guia-me na tua justiça, por causa dos meus adversários; endireita diante de mim o teu caminho;
9 pois não têm eles sinceridade nos seus lábios; o seu íntimo é todo crimes; a sua garganta é um sepulcro aberto, e com a língua lisonjeiam.
10 Declara-os culpados, ó Deus; caiam por seus próprios planos. Rejeita-os por causa de suas muitas transgressões, pois se rebelaram contra ti.
11 Mas regozijem-se todos os que confiam em ti; folguem de júbilo para sempre, porque tu os defendes; e em ti se gloriem os que amam o teu nome.
12 Pois tu, SENHOR abençoas o justo e, como escudo, o cercas da tua benevolência.

6 Davi recorre à misericórdia de Deus.

(Renova as forças debilitadas. Reanima. Auxilia no tratamento de doenças dos olhos, ossos e sangue. Afasta as energias negativas).

1 SENHOR, não me repreendas na tua ira, nem me castigues no teu furor.
2 Tem compaixão de mim, SENHOR, porque eu me sinto debilitado; sara-me, SENHOR, porque os meus ossos estão abalados.
3 Também a minha alma está profundamente perturbada; mas tu, SENHOR, até quando?
4 Volta-te, SENHOR, e livra a minha alma; salva-me por tua graça.
5 Pois, na morte, não há lembrança de ti; no sepulcro, quem te dará louvor?

6 Estou cansado de tanto gemer; todas as noites faço nadar
o meu leito, de minhas lágrimas o alago.
7 Meus olhos de mágoa se acham amortecidos, envelhecem
por causa de todos os meus adversários.
8 Apartai-vos de mim, todos os que praticais a iniquidade,
porque o SENHOR ouviu a voz do meu lamento;
9 o SENHOR ouviu a minha súplica; o SENHOR acolhe a
minha oração.
10 Envergonhem-se e sejam sobremodo perturbados todos
os meus inimigos; retirem-se, de súbito, cobertos de vexa-
me.

7 Deus defende o justo contra o ímpio

(Fortalece o ânimo na síndrome do pânico, na depressão. Auxilia na solução de demandas judiciais).

1 SENHOR, Deus meu, em ti me refugio; salva-me de todos
os que me perseguem e livra-me;
2 para que ninguém, como leão, me arrebate, despedaçan-
do-me, não havendo quem me livre.
3 SENHOR, meu Deus, se eu fiz o de que me culpam, se
nas minhas mãos há iniquidade,
4 se paguei com o mal a quem estava em paz comigo, eu, que
poupei aquele que sem razão me oprimia,
5 persiga o inimigo a minha alma e alcance-a; espezinhe no
chão a minha vida e arraste no pó a minha glória.
6 Levanta-te, SENHOR na tua indignação, mostra a tua
grandeza contra a fúria dos meus adversários e desperta-te
em meu favor, segundo o juízo que designaste.
7 Reúnam-se ao redor de ti os povos, e por sobre eles remon-
ta-te às alturas.
8 O SENHOR julga os povos; julga-me, SENHOR, segun-
do a minha retidão e segundo a integridade que há em mim.
9 Cesse a malícia dos ímpios, mas estabelece tu o justo; pois

sondas as mentes e o coração, ó justo Deus.
10 Deus é o meu escudo; ele salva os retos de coração.
11 Deus é um juiz, um Deus que se ira todos os dias.
12 Se o homem não se converter, afiará Deus a sua espada; já armou o arco, tem-no pronto;
13 para ele preparou já instrumentos de morte, preparou suas setas inflamadas.
14 Eis que o ímpio está com dores de iniquidade; concebeu a malícia e dá à luz a mentira.
15 Abre, e aprofunda uma cova, e cai nesse mesmo poço que faz.
16 A sua malícia lhe recai sobre a cabeça, e sobre a própria mioleira desce a sua violência.
17 Eu, porém, renderei graças ao SENHOR, segundo a sua justiça, e cantarei louvores ao nome do SENHOR Altíssimo.

8 A glória divina e a dignidade do filho do homem

(Exercita a humildade. Combate a angústia e a insônia. Restaura a coragem nos corações).

1 Ó SENHOR, SENHOR nosso, quão magnífico em toda a Terra é o teu nome! Pois expuseste nos céus a tua majestade.
2 Da boca de pequeninos e crianças de peito suscitaste força, por causa dos teus adversários, para fazeres emudecer o inimigo e o vingador.
3 Quando contemplo os teus céus, obra dos teus dedos, e a lua e as estrelas que estabeleceste,
4 que é o homem, que dele te lembres? E o filho do homem, que o visites?
5 Fizeste-o, no entanto, por um pouco, menor do que Deus e de glória e de honra o coroaste.

6 Deste-lhe domínio sobre as obras de tua mão e sob seus
pés tudo lhe puseste:
7 ovelhas e bois, todos, e também os animais do campo;
8 as aves do céu, e os peixes do mar; e tudo que percorre as
sendas dos mares. Ó SENHOR, SENHOR nosso, quão
magnífico em toda a Terra é o teu nome!

9 Ações de graças

(Auxilia na solução de problemas familiares. Produz encorajamento para se atingir os objetivos).

1 Louvar-te-ei, SENHOR de todo o meu coração; Contarei
todas as tuas maravilhas.
2 Alegrar-me-ei e exultarei em ti; ao teu nome, Ó Altíssimo,
eu cantarei louvores.
3 Pois, ao retrocederem os meus inimigos, tropeçam e
somem-se da tua presença;
4 porque sustentas o meu direito e a minha causa; no trono
te assentas e julgas retamente.
5 Repreendes as nações, destróis o ímpio e para todo o sem-
pre lhes apagas o nome.
6 Quanto aos inimigos, estão consumados, suas ruínas são
perpétuas, arrastaste as suas cidades; até a sua memória
pereceu.
7 Mas o SENHOR permanece no seu trono eternamente,
trono que erigiu para julgar.
8 Ele mesmo julga o mundo com justiça; administra os povos
com retidão.
9 O SENHOR também é alto refúgio para o oprimido, refú-
gio na hora de tribulação.
10 Em ti, pois, confiam os que conhecem o teu nome, porque
tu, SENHOR não desamparas os que te buscam.
11 Cantai louvores ao SENHOR, que habita em Sião, pro-
clamai entre os povos os seus feitos.

12 Pois aquele que requer o sangue lembra-se deles e não se esquece do clamor dos aflitos.
13 Compadece-te de mim, SENHOR; vê a que sofrimentos me reduziram os que me odeiam, tu que me levantas das portas da morte;
14 para que, às portas da filha de Sião, eu proclame todos os teus louvores e me regozije da tua salvação.
15 Afundam-se as nações na cova que fizeram, no laço que esconderam, prendeu-se-lhes o pé.
16 Faz-se conhecido o SENHOR, pelo juízo que executa; enlaçado está o ímpio nas obras de suas próprias mãos.
17 Os perversos serão lançados no inferno, e todas as nações que se esquecem de Deus.
18 Pois o necessitado não será para sempre esquecido, e a esperança dos aflitos não se há de frustrar perpetuamente.
19 Levanta-te SENHOR; não prevaleça o mortal. Sejam as nações julgadas na tua presença.
20 Infunde-lhes, SENHOR, o medo; saibam as nações que não passam de mortais.

10 A derrubada dos ímpios

(Fortalece os desamparados ou injustiçados. Renova as forças dos oprimidos).

1 Por que, SENHOR, te conservas longe? E te escondes nas horas de tribulação?
2 Com arrogância, os ímpios perseguem o pobre; sejam presas das tramas que urdiram.
3 Pois o perverso se gloria da cobiça de sua alma, o avarento maldiz o seu SENHOR e blasfema contra ele.
4 O perverso, na sua soberba, não investiga; que não há Deus são todas as suas cogitações.
5 São prósperos os seus caminhos em todo o tempo; muito acima e longe dele estão os teus juízos; quanto aos seus

adversários, ele a todos ridiculariza.
6 Pois diz lá no seu íntimo: Jamais serei abalado; de geração
em geração, nenhum mal me sobrevirá.
7 A boca, ele a tem cheia de maldição, enganos e opressão;
debaixo da língua, insulto e iniquidade.
8 Põe-se de tocaia nas vilas, trucida os inocentes nos lugares
ocultos; seus olhos espreitam o desamparado.
9 Está ele de emboscada, como o leão na sua caverna; está
de emboscada para enlaçar o pobre: apanha-o e, na sua
rede, o enleia.
10 Abaixa-se e rasteja; em seu poder, lhe caem os necessitados.
11 Diz ele, no seu íntimo: Deus se esqueceu, virou o rosto e
não verá isto nunca.
12 Levanta-te, SENHOR! Ó Deus, ergue a mão! Não te
esqueças dos pobres.
13 Por que razão despreza o ímpio a Deus, dizendo no seu
íntimo que Deus não se importa?
14 Tu, porém, o tens visto, porque atentas aos trabalhos e à
dor, para que os possas tomar em tuas mãos. A ti se entrega o desamparado; tu tens sido o defensor do órfão.
15 Quebranta o braço do perverso e do malvado; esquadrinha-lhes a maldade, até nada mais achares.
16 O SENHOR é rei eterno; da sua terra somem-se as nações.
17 Tens ouvido, SENHOR, o desejo dos humildes; tu lhes
fortalecerás o coração e lhes acudirás
18 para fazeres justiça ao órfão e ao oprimido, a fim de que o
homem, que é da terra, já não infunda terror.

11 O SENHOR é forte refúgio

(Reconforta o injustiçado. Combate o orgulho e a violência).

1 No SENHOR me refugio. Como dizeis, pois, à minha
alma: Foge, como pássaro, para o teu monte?

2 Porque eis aí os ímpios, armam o arco, dispõem a sua fle-
cha na corda, para, às ocultas, dispararem contra os retos
de coração.
3 Ora, destruídos os fundamentos, que poderá fazer o justo?
4 O SENHOR está no seu santo templo: nos céus tem o
SENHOR o seu trono; os seus olhos estão atentos, as suas
pálpebras sondam os filhos dos homens.
5 O SENHOR põe à prova ao justo e ao ímpio; mas, ao que
ama a violência, a sua alma o abomina.
6 Fará chover sobre os perversos brasas de fogo e enxofre, e
vento abrasador será a parte do seu cálice.
7 Porque o SENHOR é justo, ele ama a justiça; os retos lhe
contemplarão a face.

12 Auxílio contra a falsidade

(Combate a hipocrisia. Combate os vícios e as doenças de fundo nervoso).

1 Socorro, SENHOR! Porque já não há homens piedosos;
desaparecem os fiéis entre os filhos dos homens.
2 Falam com falsidade uns aos outros, falam com lábios
bajuladores e coração fingido.
3 Corte o SENHOR todos os lábios bajuladores a língua que
fala soberbamente,
4 pois dizem: Com a língua prevaleceremos, os lábios são
nossos; quem é senhor sobre nós?
5 Por causa da opressão dos pobres e do gemido dos neces-
sitados, eu me levantarei agora, diz o SENHOR; e porei a
salvo a quem por isso suspira.
6 As palavras do SENHOR são palavras puras, prata refi-
nada em cadinho de barro, depurada sete vezes.
7 Sim, SENHOR, tu nos guardarás; desta geração nos livra-
rás para sempre.
8 Por todos os lugares andam os perversos, quando entre os

filhos dos homens a vileza é exaltada.

13 Oração de fé

(Ajuda a combater as más tendências, os sentimentos inferiores. Restaura a confiança na proteção divina).

1 Até quando, SENHOR? Esquecer-te-ás de mim para sempre? Até quando ocultarás de mim o rosto?
2 Até quando estarei eu relutando dentro em minha alma, com tristeza no coração cada dia? Até quando se erguerá contra mim o meu inimigo?
3 Atenta para mim, responde-me, SENHOR, Deus meu! Ilumina-me os olhos, para que eu não durma o sono da morte; para que não diga o meu inimigo: Prevaleci contra ele; e não se regozijem os meus adversários, vindo eu a vacilar.
4 No tocante a mim, confio na tua graça; regozije-se o meu coração na tua salvação.
5 Cantarei ao SENHOR, porquanto me tem feito muito bem.

14 A corrupção do pecador e sua redenção

(Conforta o coração entristecido. Protege contra a falsidade).

1 Diz o insensato no seu coração: Não há Deus. Corrompem-se e praticam abominação; já não há quem faça o bem.
2 Do céu olha o SENHOR para os filhos dos homens, para ver se há quem entenda, se há quem busque a Deus.
3 Todos se extraviaram e juntamente se corromperam; não há quem faça o bem, não há nem um sequer.
4 Acaso, não entendem todos os obreiros da iniquidade, que devoram o meu povo, como quem come pão, que não invocam o SENHOR?
5 Tomar-se-ão de grande pavor, porque Deus está com a

linguagem do justo.
6 Meteis a ridículo o conselho dos humildes, mas o SENHOR
é o seu refúgio.
7 Tomara de Sião viesse já a salvação de Israel! Quando o
SENHOR restaurar a sorte do seu povo, então exultará
Jacó, e Israel se alegrará.

15 O cidadão dos céus

(Renova a fé nos corações. Combate sentimentos de desespero).

1 Quem, SENHOR, habitará no teu tabernáculo? Quem há
de morar no teu santo monte?
2 O que vive com integridade, e pratica a justiça, e, de cora-
ção, fala a verdade; o que não difama com sua língua, não
faz mal ao próximo, nem lança injúria contra o seu vizinho;
3 o que, a seus olhos, tem por desprezível ao réprobo, mas
honra aos que temem ao SENHOR; o que jura com dano
próprio e não se retrata;
4 o que não empresta o seu dinheiro com usura, nem aceita
suborno contra o inocente. Quem deste modo procede não
será jamais abalado.

16 O santo de Deus

(Atrai a serenidade. Acalma. Favorece o sono tranquilo).

1 Guarda-me, ó Deus, porque em ti me refugio.
2 Digo ao SENHOR: Tu és o meu SENHOR; outro bem
não possuo, senão a ti somente.
3 Quanto aos santos que há na terra, são eles os notáveis nos
quais tenho todo o meu prazer.
4 Muitas serão as penas dos que trocam o SENHOR por
outros deuses; não oferecerei as suas libações de sangue, e
os meus lábios não pronunciarão o seu nome.
5 O SENHOR é a porção da minha herança e o meu cálice;

tu és o arrimo da minha sorte.
6 Caem-me as divisas em lugares amenos, é mui linda a
minha herança.
7 Bendigo o SENHOR, que me aconselha; pois até durante
a noite o meu coração me ensina.
8 O SENHOR, tenho-o sempre à minha presença; estando
ele à minha direita, não serei abalado.
9 Alegra-se, pois, o meu coração, e o meu espírito exulta;
até o meu corpo repousará seguro.
10 Pois não deixarás a minha alma na morte, nem permitirás
que o teu Santo veja corrupção.
11 Tu me farás ver caminhos da vida; na tua presença há plenitude de alegria, na tua destra, delícias perpetuamente.

17 Súplica pela proteção divina

(Renova as forças para superação de obstáculos. Traz proteção contra os inimigos).

1 Ouve, SENHOR, a causa justa, atende ao meu clamor, dá
ouvidos à minha oração, que procede de lábios não fraudulentos.
2 Baixe de tua presença o julgamento a meu respeito; os teus
olhos vêem com equidade.
3 Sondas-me o coração, de noite me visitas, provas-me no
fogo e iniquidade nenhuma encontras em mim; a minha
boca não transgride.
4 Quanto às ações dos homens, pela palavra dos teus lábios
eu me tenho guardado dos caminhos do violento.
5 Os meus passos se afizeram às tuas veredas, os meus pés
não resvalaram.
6 Eu te invoco, ó Deus, pois tu me respondes; inclina-me os
ouvidos e acode às minhas palavras.
7 Mostra as maravilhas da tua bondade, ó Salvador dos que
à tua destra buscam refúgio dos que se levantam contra

eles.
8 Guarda-me como a menina dos olhos, esconde-me à sombra das tuas asas,
9 dos perversos que me oprimem, inimigos que me assediam de morte.
10 Insensíveis, cerram o coração, falam com lábios insolentes;
11 andam agora cercando os nossos passos, e fixam em nós os olhos para nos deitar por terra.
12 Parecem-se com o leão, ávido por sua presa, o leãozinho, que espreita de emboscada.
13 Levanta-te, SENHOR, defronta-os, arrasa-os; livra do ímpio a minha alma com a tua espada,
14 com a tua mão, SENHOR, dos homens mundanos, cujo quinhão é desta vida e cujo ventre tu enches dos teus tesouros; os quais se fartam de filhos e o que lhes sobra deixam aos seus pequeninos.
15 Eu, porém, na justiça contemplarei a tua face; quando acordar, eu me satisfarei com a tua semelhança.

18 Vitória e domínio

(Traz conforto na fé. Favorece as artes. Protege contra a violência).

1 Eu te amo, ó SENHOR, força minha.
2 O SENHOR é a minha rocha, a minha cidadela, o meu libertador; o meu Deus, o meu rochedo, em que me refugio; o meu escudo, a força da minha salvação, o meu baluarte.
3 Invoco o SENHOR, digno de ser louvado, e serei salvo dos meus inimigos.
4 Laços de morte me cercaram, torrentes de impiedade me impuseram terror.
5 Cadeias infernais me cingiram, e tramas de morte me surpreenderam.
6 Na minha angústia, invoquei o SENHOR, gritei por socor-

ro ao meu Deus. Ele do seu templo ouviu minha voz, e o
meu clamor lhe penetrou os ouvidos.
7 Então, a terra se abalou e tremeu, vacilaram também os
fundamentos dos montes e se estremeceram, porque ele
se indignou.
8 Das suas narinas subiu fumaça, e fogo devorador, da sua
boca; dele saíram brasas ardentes.
9 Baixou ele os céus, e desceu e teve sob os pés densa escu-
ridão.
10 Cavalgava um querubim e voou; sim, levado velozmente
nas asas do vento.
11 Das trevas fez um manto em que se ocultou; escuridade
de águas e espessas nuvens dos céus eram o seu pavilhão.
12 Do resplendor que diante dele havia, as densas nuvens se
desfizeram em granizo e brasas chamejantes.
13 Trovejou, então, o SENHOR, nos céus; o Altíssimo levan-
tou a voz, e houve granizo e brasas de fogo.
14 Despediu as suas setas e espalhou os meus inimigos, mul-
tiplicou os seus raios e os desbaratou.
15 Então, se viu o leito de águas, e se descobriram os funda-
mentos do mundo, pela tua repreensão, SENHOR, pelo
iroso resfolgar das tuas narinas.
16 Do alto me estendeu ele a mão e me tomou; tirou-me das
muitas águas.
17 Livrou-me de forte inimigo e dos que me aborreciam, pois
eram mais poderosos do que eu.
18 Assaltaram-me no dia da minha calamidade, mas o
SENHOR me serviu de amparo.
19 Trouxe-me para um lugar espaçoso; livrou-me, porque
ele se agradou de mim.
20 Retribuiu-me o SENHOR, segundo a minha justiça,
recompensou-me conforme a pureza das minhas mãos.
21 Pois tenho guardado os caminhos do SENHOR e não me
apartei perversamente do meu Deus.

22 Porque todos os seus juízos estão presentes, e não afastei
de mim os seus preceitos.
23 Também fui íntegro para com ele me guardei da iniqui-
dade.
24 Daí retribuir-me o SENHOR, segundo a minha justiça,
conforme a pureza das minhas mãos, na sua presença.
25 Para com o benigno, benigno te mostras; com o íntegro,
também íntegro.
26 Com o puro, puro te mostras; com o perverso, inflexível.
27 Porque tu salvas o povo humilde, mas os olhos altivos, tu
os abates.
28 Porque fazes resplandecer a minha lâmpada, o SENHOR,
meu Deus, derrama luz nas minhas trevas.
29 Pois contigo desbarato exércitos, com o meu Deus salto
muralhas.
30 O caminho de Deus é perfeito; a palavra do SENHOR é
provada; ele é escudo para todos os que nele se refugiam.
31 Pois quem é Deus, senão o SENHOR? E quem é rochedo,
senão o nosso Deus?
32 O Deus me revestiu de força e aperfeiçoou o meu caminho,
33 ele deu a meus pés a ligeireza das corças e me firmou nas
minhas alturas.
34 Ele adestrou as minhas mãos para o combate, de sorte que
os meus braços vergaram um arco de bronze.
35 Também me deste o escudo da tua salvação, a tua direita
me susteve, e a tua clemência me engrandeceu.
36 Alargaste sob os meus passos o caminho, e os meus pés
não vacilaram.
37 Persegui os meus inimigos, e os alcancei, e só voltei depois
de haver dado cabo deles.
38 Esmaguei-os a tal ponto que não puderam levantar-se;
caíram sob meus pés.
39 Pois de força me cingiste para o combate e me submeteste
os que se levantaram contra mim.

40 Também puseste em fuga os meus inimigos, e os que me
odiaram, eu os exterminei.
41 Gritaram por socorro, mas ninguém lhes acudiu; clamaram
ao SENHOR, mas Ele não respondeu.
42 Então os reduzi a pó ao léu do vento, lancei-os fora como
a lama nas ruas.
43 Das contendas do povo me livraste e me fizeste cabeça das
nações; povo que não conheci me serviu.
44 Bastou-lhe ouvir-me a voz, logo me obedeceu; os estran-
geiros se me mostram submissos.
45 Sumiram-se os estrangeiros e das suas fortificações saíram,
espavoridos.
46 Vive o SENHOR e bendita seja a minha rocha! Exaltado
seja o Deus da minha salvação,
47 o Deus que por mim tomou vingança e me submeteu povos;
48 o Deus que me livrou dos meus inimigos; sim, tu que me
exaltaste acima dos meus adversários e me livraste do
homem violento.
49 Glorificar-te-ei, pois, entre os gentios, ó SENHOR, e
cantarei louvores ao teu nome.
50 É ele quem dá grandes vitórias ao seu rei e usa de benig-
nidade para o seu ungido, com Davi e sua posteridade,
para sempre.

19 A excelência da criação e da palavra de Deus

(Atrai sucesso aos empreendimentos honestos).

1 Os céus proclamam a Glória de Deus, e o firmamento
anuncia as obras das suas mãos.
2 Um dia discursa a outro dia, e uma noite revela conheci-
mento a outra noite.
3 Não há linguagem, nem há palavras, e deles não se ouve
nenhum som;
4 no entanto, por toda a terra se faz ouvir a sua voz, e as suas

palavras, até aos confins do mundo.
5 Aí, pôs uma tenda para o sol, o qual, como noivo que sai dos seus aposentos, se regozija como herói, a percorrer o seu caminho.
6 Principia numa extremidade dos céus, e até à outra vai o seu percurso; e nada refoge ao seu calor.
7 A lei do SENHOR é perfeita e restaura a alma; o testemunho do SENHOR é fiel e dá sabedoria aos simples.
8 Os preceitos do SENHOR são retos e alegram o coração; o mandamento do SENHOR é puro e ilumina os olhos.
9 O temor do SENHOR é límpido e permanece para sempre; os juízos do SENHOR são verdadeiros e todos igualmente, justos.
10 São mais desejáveis do que ouro, mais do que muito ouro depurado; e são mais doces do que o mel e o destilar dos favos.
11 Além disso, por eles se admoesta o teu servo; em os guardar, há grande recompensa.
12 Quem há que possa discernir as próprias faltas? Absolve-me das que me são ocultas.
13 Também da soberba guarda o teu servo, que ela não me domine; então, serei irrepreensível e ficarei livre de grande transgressão.
14 As palavras dos meus lábios e o meditar do meu coração sejam agradáveis na tua presença,. SENHOR, rocha minha e redentor meu!

20 Oração a favor do rei

(Promove equilíbrio e tranquilidade de espírito).

1 O SENHOR te responda no dia da tribulação; o nome do Deus de Jacó te eleve em segurança.
2 Do seu santuário te envie socorro e desde Sião te sustenha.
3 Lembre-se de todas as tuas ofertas de manjares e aceite os

teus holocaustos.
4 Conceda-te segundo o teu coração e realize todos os teus desígnios.
5 Celebraremos com júbilo a tua vitória e em nome do nosso Deus hastearemos pendões; satisfaça o SENHOR a todos os teus votos.
6 Agora sei que o SENHOR salva o seu ungido; ele lhe responderá do seu santo céu com a vitoriosa força de sua destra.
7 Uns confiam em carros, outros, em cavalos; nós, porém, nos gloriaremos em o nome do SENHOR, nosso Deus.
8 Eles se encurvam e caem; nós, porém, nos levantamos e nos mantemos de pé.
9 Ó SENHOR, dá vitória ao rei; responde-nos, quando clamarmos.

21 Ações de graças pela vitória

(Traz sentimentos de fé, paz e fraternidade aos corações).

1 Na tua força, SENHOR, o rei se alegra! E como exulta com a tua salvação!
2 Satisfizeste-lhe o desejo do coração e não lhe negaste as súplicas dos seus lábios.
3 Pois o supres das bênçãos de bondade; pões-lhe na cabeça uma coroa de ouro puro.
4 Ele te pediu vida, e tu lha deste; sim, longevidade para todo o sempre.
5 Grande lhe é a glória da tua salvação; de esplendor e majestade o sobrevestiste.
6 Pois o puseste por benção para sempre e o encheste de gozo com a tua presença.
7 O rei confia no SENHOR e pela misericórdia do Altíssimo jamais vacilará.
8 A tua mão alcançará todos os teus inimigos, a tua destra

apanhará os que te odeiam.
9 Tu os tornarás como em fornalha ardente, quando te manifestares; o SENHOR, na sua indignação, os consumirá, o fogo os devorará.
10 Destruirás da terra a sua posteridade e a sua descendência, de entre os filhos dos homens.
11 Se contra ti intentarem o mal e urdirem intrigas, não conseguirão efetuá-los;
12 porquanto lhes farás voltar as costas e mirarás o rosto deles com o teu arco.
13 Exalta-te, SENHOR, na tua força! Nós cantaremos e louvaremos o teu poder.

22 Sofrimento e vitória do Messias

(Promove a fé e a renovação de forças para enfrentamento das dificuldades da vida).

1 Deus meu, Deus meu, por que me desamparaste? Por que se acham longe de minha salvação as palavras de meu bramido?
2 Deus meu, clamo de dia, e não me respondes; também de noite, porém não tenho sossego.
3 Contudo, tu és santo, entronizado entre os louvores de Israel.
4 Nossos pais confiaram em ti; confiaram, e os livraste.
5 A ti clamaram e se livraram; confiaram em ti e não foram confundidos.
6 Mas eu sou verme e não homem; opróbrio dos homens e desprezado do povo.
7 Todos os que me vêem zombam de mim; afrouxam os lábios e meneiam a cabeça:
8 Confiou no SENHOR! Livre-o ele; salve-o, pois nele tem prazer.
9 Contudo, tu és quem me fez nascer; e me preservaste,

estando eu ainda ao seio de minha mãe.
10 A ti me entreguei desde o meu nascimento; desde o ventre
de minha mãe, tu és meu Deus.
11 Não te distancies de mim, porque a tribulação está próxi-
ma, e não há quem me acuda.
12 Muitos touros me cercam, fortes touros de Basã me
rodeiam.
13 Contra mim abrem a boca, como faz o leão que despedaça
e ruge.
14 Derramei-me como água, e todos os meus ossos se des-
conjuntaram; meu coração fez-se como cera, derreteu-se
dentro de mim.
15 Secou-se o meu vigor, como um caco de barro, e a língua
se me apega ao céu da boca; assim, me deitas no pó da
morte.
16 Cães me cercam; uma súcia de malfeitores me rodeia;
traspassaram-me as mãos e os pés.
17 Posso contar todos os meus ossos; eles me estão olhando
e encarando em mim.
18 Repartem entre si as minhas vestes e sobre a minha túni-
ca deitam sortes.
19 Tu, porém, SENHOR, não te afastes de mim; força minha,
apressa-te em socorrer-me.
20 Livra a minha alma de espada, e, das presas do cão, a minha
vida.
21 Salva-me das fauces do leão e dos chifres dos búfalos; sim,
tu me respondes.
22 A meus irmãos declararei o teu nome; cantar-te-ei louvo-
res no meio da congregação;
23 vós que temeis o SENHOR, louvai-o; glorificai-o, vós
todos, descendência de Jacó; reverenciai-o, vós todos,
posteridade de Israel.
24 Pois não desprezou, nem abominou a dor do aflito, nem
ocultou dele o rosto, mas o ouviu, quando lhe gritou por

socorro.
25 De ti vem meu louvor na grande congregação; cumprirei
os meus votos na presença dos que o temem.
26 Os sofredores hão de comer e fartar-se; louvarão o
SENHOR os que o buscam. Viva para sempre o vosso
coração.
27 Lembrar-se-ão do SENHOR e a Ele se converterão os
confins da terra; perante ele se prostrarão todas as famílias
das nações.
28 Pois do SENHOR é o reino, é ele que governa as nações.
29 Todos os opulentos da terra hão de comer e adorar, e todos
os que descem ao pó se prostrarão perante ele, até aquele
que não pode preservar a própria vida.
30 A posteridade o servirá; falar-se-á do SENHOR à geração
vindoura.
31 Hão de vir anunciar a justiça dele; ao povo que há de nas-
cer, contarão que foi ele quem o fez.

23 O SENHOR é o meu pastor

(Traz conforto e serenidade à alma).

1 O SENHOR é o meu pastor; nada me faltará.
2 Ele me faz repousar em pastos verdejantes. Leva-me para
junto das águas de descanso;
3 e refrigera-me a alma. Guia-me pelas veredas da justiça
por amor do seu nome.
4 Ainda que eu ande pelo vale da sombra da morte, não
temerei mal nenhum, porque tu estás comigo; o teu bordão
e o teu cajado me consolam.
5 Preparas-me uma mesa na presença de meus adversários,
unges-me a cabeça com óleo; o meu cálice transborda.
6 Bondade e misericórdia certamente me seguirão todos os
dias da minha vida; e habitarei na Casa do SENHOR para
todo o sempre.

24 A vinda do Rei da Glória

(Promove os sentimentos de amizade fraterna. Protege contra a falsidade e a mentira).

1 Ao SENHOR pertence a Terra e tudo o que nela se contém, o mundo e os que nele habitam.
2 Fundou-a ele sobre os mares e sobre as correntes a estabeleceu.
3 Quem subirá ao monte do SENHOR? Quem há de permanecer no seu santo lugar?
4 O que é limpo de mãos e puro de coração que não entrega a sua alma à falsidade, nem jura dolosamente.
5 Este obterá do SENHOR a bênção e a justiça do Deus da sua salvação.
6 Tal é a geração dos que o buscam, dos que buscam a face do Deus de Jacó.
7 Levantai, ó portas, as vossas cabeças; levantai-vos, ó portais eternos, para que entre o Rei da Glória.
8 Quem é o Rei da Glória? O SENHOR, forte e poderoso, o SENHOR, poderoso nas batalhas.
9 Levantai, ó portas, as vossas cabeças; Levantai-vos, ó portais eternos, para que entre o Rei da Glória.
10 Quem é esse Rei da Glória? O SENHOR dos Exércitos, ele é o Rei da Glória.

25 Oração por auxílio divino

(Ajuda na obtenção de auxílio nas provações e depressões, e traz proteção contra os inimigos, contra as traições).

1 A ti SENHOR, elevo a minha alma,
2 Deus meu, em ti confio, não seja eu envergonhado, nem exultem sobre mim os meus inimigos.
3 Com efeito, dos que em ti esperam, ninguém será envergonhado; envergonhados serão os que, sem causa, procedem traiçoeiramente.

4 Faze-me, SENHOR, conhecer os teus caminhos, ensina-
-me as tuas veredas.
5 Guia-me na tua verdade e ensina-me, pois tu és o Deus da
minha salvação, em quem eu espero todo o dia.
6 Lembra-te, SENHOR, das tuas misericórdias e das tuas
bondades, que são desde a eternidade.
7 Não te lembres dos meus pecados da mocidade, nem das
minhas transgressões. Lembra-te de mim, segundo a tua
misericórdia, por causa da tua bondade, ó SENHOR.
8 Bom e reto é o SENHOR, por isso, aponta o caminho aos
pecadores.
9 Guia os humildes na justiça e ensina aos mansos o seu
caminho.
10 Todas as veredas do SENHOR são misericórdia e verda-
de para os que guardam a sua aliança e os seus testemunhos.
11 Por causa do teu nome, SENHOR, perdoa a minha ini-
quidade, que é grande.
12 Ao homem que teme ao SENHOR, ele o instruirá no
caminho que deve escolher.
13 Na prosperidade repousará a sua alma, e a sua descendên-
cia herdará a terra.
14 A intimidade do SENHOR é para os que o temem, aos
quais ele dará a conhecer a sua aliança.
15 Os meus olhos se elevam continuamente ao SENHOR,
pois ele me tirará os pés do laço.
16 Volta-te para mim e tem compaixão, porque estou sozinho
e aflito.
17 Alivia-me as atribulações do coração; tira-me das minhas
angústias.
18 Considera as minhas aflições e o meu sofrimento e perdoa
todos os meus pecados.
19 Considera os meus inimigos, pois são muitos e me abomi-
nam com ódio cruel.
20 Guarda-me a alma e livra-me; não seja eu envergonhado,

pois em ti me refugio.
21 Preservem-me a sinceridade e a retidão, porque em ti espero.
22 Ó Deus, redime a Israel de todas as suas tribulações.

26 Apelo do justo

(Assegura paz de espírito. Combate sentimentos de pânico. Renova os sentimentos de espiritualidade. Atrai proteção espiritual).

1 Faze-me justiça, SENHOR, pois tenho andado na minha integridade e confio no SENHOR, sem vacilar.
2 Examina-me, SENHOR, e prova-me; sonda-me o coração e os pensamentos.
3 Pois a tua benignidade, tenho-a perante os olhos e tenho andado na tua verdade.
4 Não me tenho assentado com homens falsos e com os dissimuladores não me associo.
5 Aborreço o súcia de malfeitores e com os ímpios não me assento.
6 Lavo as mãos na inocência e, assim, andarei, SENHOR, ao redor do teu altar,
7 para entoar, com voz alta, os louvores e proclamar as tuas maravilhas todas.
8 Eu amo, SENHOR, a habitação de tua casa e o lugar onde tua glória assiste.
9 Não colhas a minha alma com a dos pecadores, nem a minha vida com a dos homens sanguinários,
10 em cujas mãos há crimes e cuja destra está cheia de subornos.
11 Quanto a mim, porém, ando na minha integridade; livra-me e tem compaixão de mim.
12 O meu pé está firme em terreno plano; nas congregações, bendirei o SENHOR.

27 Anelo pela presença de Deus

(Protege contra as más influências. Reforça a fé).

1 O SENHOR é minha luz e a minha salvação; de quem
terei medo? O SENHOR é a fortaleza da minha vida; a
quem temerei?
2 Quando malfeitores me sobrevêm para me destruir, meus
opressores e inimigos, eles é que tropeçam e caem.
3 Ainda que um exército se acampe contra mim, não se ate-
morizará o meu coração; e, se estourar contra mim a guer-
ra, ainda assim terei confiança.
4 Uma cousa peço ao SENHOR, e a buscarei: que eu possa
morar na Casa do SENHOR todos os dias da minha vida,
para contemplar a beleza do SENHOR e meditar no seu
templo.
5 Pois, no dia da adversidade, ele me ocultará no seu pavi-
lhão; no recôndito do seu tabernáculo, me acolherá; ele-
var-me-á sobre uma rocha.
6 Agora, será exaltada a minha cabeça acima dos inimigos
que me cercam. No seu tabernáculo, oferecerei sacrifício
de júbilo; cantarei e salmodiarei* ao SENHOR.
7 Ouve, SENHOR, a minha voz; eu clamo; compadece-te
de mim e responde-me.
8 Ao meu coração me ocorre: Buscai a minha presença; bus-
carei, pois, SENHOR, a tua presença.
9 Não me escondas, SENHOR, a tua face, não rejeites com
ira o teu servo; tu és o meu auxílio, não me recuses, nem
me desampares, ó Deus da minha salvação.
10 Porque, se meu pai e minha mãe me desampararem, o
SENHOR me acolherá.
11 Ensina-me, SENHOR, o teu caminho e guia-me por vere-
da plana, por causa dos que me espreitam.
12 Não me deixes à vontade dos meus adversários; pois con-
tra mim se levantam falsas testemunhas e os que respiram
crueldade.

13 Eu creio que verei a bondade do SENHOR na terra dos viventes.
14 Espera pelo SENHOR, tem bom ânimo, e fortifique-se o teu coração; espera, pois, pelo SENHOR.

* Salmodiar: cantar ou recitar salmos sem alterar a inflexão de voz, com pausas marcadas.

28 Súplica e ações de graças

(Protege contra a falsidade. Acalma. Assegura proteção espiritual).

1 A ti clamo ao SENHOR; rocha minha, não sejas surdo para comigo; para que não suceda, se te calares acerca de mim, seja eu semelhante aos que descem à cova.
2 Ouve-me as vozes súplices, quando a ti clamar por socorro, quando erguer as mãos para o teu santuário.
3 Não me arrastes com os ímpios, com os que praticam a iniquidade; os quais falam de paz ao seu próximo, porém no coração têm perversidade.
4 Paga-lhes segundo as suas obras, segundo a malícia dos seus atos; dá-lhes conforme a obra de suas mãos, retribui-lhes o que merecem.
5 E, visto que não atentam para os feitos do SENHOR, nem para o que as suas mãos fazem, ele os derribará e não os reedificará.
6 Bendito seja o SENHOR, porque me ouviu as vozes súplices!
7 O SENHOR é a minha força e o meu escudo; nele o meu coração confia, nele fui socorrido; por isso, o meu coração exulta, e com o meu cântico o louvarei.
8 O SENHOR é a força do seu povo, o refúgio salvador do seu ungido.
9 Salva o teu povo e abençoa a tua herança; apascenta-o, e exalta-o, para sempre.

29 A voz de Deus na tempestade

(Exalta a criação divina. Atrai a serenidade, a paz).

1 Tributai ao SENHOR, filhos de Deus, tributai ao SENHOR glória e força.

2 Tributai ao SENHOR a glória devida ao seu nome, adorai o SENHOR na beleza da santidade.

3 Ouve-se a voz do SENHOR sobre as águas; troveja o Deus da Glória; o SENHOR está sobre as muitas águas.

4 A voz do SENHOR é poderosa; A voz do SENHOR é cheia de majestade.

5 A voz do SENHOR quebra os cedros; sim, o SENHOR despedaça os cedros do Líbano.

6 Ele os faz saltar como um bezerro; o Líbano e o Sirion, como bois selvagens.

7 A voz do SENHOR despede chamas de fogo.

8 A voz do SENHOR faz tremer o deserto; o SENHOR faz tremer o deserto de Cades.

9 A voz do SENHOR faz dar cria às corças e desnuda os bosques; e no seu templo tudo diz: Glória!

10 O SENHOR preside aos dilúvios; como rei, o SENHOR presidirá para sempre.

11 O SENHOR dá força ao seu povo, o SENHOR abençoa com paz ao seu povo.

30 Ações de graças pela libertação da morte

(Afasta os sentimentos de fraqueza. Atrai proteção contra a falsidade e a feitiçaria).

1 Eu te exaltarei, ó SENHOR, porque tu me livraste e não permitiste que os meus inimigos se regozijassem contra mim.

2 SENHOR, meu Deus, clamei a ti por socorro, e tu me saraste.

3 SENHOR, da cova fizeste subir a minha alma; preservas-

te-me a vida para que não descesse à sepultura.
4 Salmodiai ao SENHOR, vós que sois seus santos, e dai
graças ao seu santo nome.
5 Porque não passa de um momento a sua ira; o seu favor
dura a vida inteira. Ao anoitecer, pode vir o choro, mas a
alegria vem pela manhã.
6 Quanto a mim, dizia eu na prosperidade: jamais serei aba-
lado.
7 Tu, SENHOR, por teu favor fizeste permanecer forte a
minha montanha; apenas voltaste o rosto, fiquei logo con-
turbado.
8 Por ti, SENHOR, clamei, ao SENHOR implorei.
9 Que proveito obterás no meu sangue, quando baixo à cova?
Louvar-te-á, porventura, o pó? Declarará ele a tua verda-
de?
10 Ouve, SENHOR, e tem compaixão de mim; sê tu,
SENHOR, o meu auxílio.
11 Converteste o meu pranto em folguedos; tiraste o meu
pano de saco e me cingiste de alegria,
12 para que o meu espírito te cante louvores e não se cale.
SENHOR, Deus meu, graças te darei para sempre.

31 Lamentos e louvor

(Enaltece a misericórdia divina. Renova a esperança no perdão das ofensas).

1 Em ti, SENHOR, me refugio; não seja eu jamais enver-
gonhado; livra-me por tua justiça.
2 Inclina-me os ouvidos, livra-me depressa; sê o meu caste-
lo forte, cidadela fortíssima que me salve.
3 Porque tu és a minha rocha e a minha fortaleza; por causa
do teu nome, tu me conduzirás e me guiarás.
4 Tirar-me-ás do laço que, às ocultas, me armaram, pois tu
és a minha fortaleza.

5 Nas tuas mãos entrego o meu espírito; tu me remiste,
SENHOR, Deus da verdade.
6 Aborreces os que adoram ídolos vãos, eu, porém, confio
no SENHOR.
7 Eu me alegrarei e regozijarei na tua benignidade, pois tens
visto a minha aflição, conheceste as angústias de minha alma
8 e não me entregaste nas mãos do inimigo; firmaste os meus
pés em lugar espaçoso.
9 Compadece-te de mim, SENHOR, porque me sinto atri-
bulado; de tristeza os meus olhos se consomem, e a minha
alma e o meu corpo.
10 Gasta-se a minha vida na tristeza, e os meus anos, em
gemidos; debilita-se a minha força, por causa da minha
iniquidade, e os meus ossos se consomem.
11 Tornei-me o opróbrio para todos os meus adversários,
espanto para os meus vizinhos e horror para os meus conhe-
cidos; os que me vêem na rua fogem de mim.
12 Estou esquecido no coração deles, como morto; sou como
vaso quebrado.
13 Pois tenho ouvido a murmuração de muitos, terror por
todos os lados; conspirando contra mim, tramam tirar-me
a vida.
14 Quanto a mim, confio em ti, SENHOR. Eu disse: tu és o
meu Deus.
15 Nas tuas mãos, estão os meus dias; livra-me das mãos dos
meus inimigos e dos meus perseguidores.
16 Faze resplandecer o teu rosto sobre o teu servo; salva-me
por tua misericórdia.
17 Não seja eu envergonhado, SENHOR, pois te invoquei;
envergonhados sejam os perversos, emudecidos na morte.
18 Emudeçam os lábios mentirosos, que falam insolentemen-
te contra o justo, com arrogância e desdém.
19 Como é grande a tua bondade, que reservaste aos que te
temem, da qual usas, perante os filhos dos homens, para

com os que em ti se refugiam!
20 No recôndito da tua presença, tu os esconderás das tramas
dos homens, num esconderijo os ocultarás da contenda de
línguas.
21 Bendito seja o SENHOR, que engrandeceu a sua miseri-
córdia para comigo, numa cidade sitiada!
22 Eu disse na minha pressa: estou excluído da tua presença.
Não obstante, ouviste a minha súplice voz, quando clamei
por teu socorro.
23 Amai o SENHOR, vós todos os seus santos. O SENHOR
preserva os fiéis, mas retribui com largueza ao soberbo.
24 Sede fortes, e revigore-se o vosso coração, vós todos que
esperais no SENHOR.

32 A bem-aventurança de quem recebe o perdão

(Gera alegria nos corações pela perseverança no bem. Favorece o estabelecimento da harmonia nos ambientes).

1 Bem-aventurado aquele cuja iniquidade é perdoada, cujo
pecado é coberto.
2 Bem-aventurado o homem a quem o SENHOR não atri-
bui iniquidade e em cujo espírito não há dolo.
3 Enquanto calei os meus pecados, envelheceram os meus
ossos pelos meus constantes gemidos todo o dia.
4 Porque a tua mão pesava dia e noite sobre mim, e o meu
vigor se tornou em sequidão de estio.
5 Confessei-te o meu pecado e a minha iniquidade não mais
ocultei. Disse: confessarei ao SENHOR as minhas trans-
gressões; e tu perdoaste a iniquidade do meu pecado.
6 Sendo assim, todo homem piedoso te fará súplicas em
tempo de poder encontrar-te. Com efeito, quanto trans-
bordarem muitas águas, não o atingirão.
7 Tu és o meu esconderijo; tu me preservas da tribulação e

me cercas de alegres cantos de livramento.
8 Instruir-te-ei e te ensinarei o caminho que deves seguir;
e, sob as minhas vistas, te darei conselho.
9 Não sejas como o cavalo ou a mula, sem entendimento, os
quais com freios e cabrestos são dominados; de outra sor-
te não te obedecem.
10 Muito sofrimento terá de curtir o ímpio, mas o que confia
no SENHOR, a misericórdia o assistirá.
11 Alegrai-vos no SENHOR e regozijai-vos, ó justos; exultai,
vós todos que sois retos de coração.

33 Louvor ao Criador e Preservador

(Combate a injustiça e a mentira. Ajuda a viver em fraternidade e a gerar simpatia).

1 Exultai, ó justos, no SENHOR! Aos retos fica bem lou-
vá-lo.
2 Celebrai o SENHOR com harpa, louvai-o com cânticos
no saltério de dez cordas.
3 Entoai-lhe novo cântico, tangei com arte e com júbilo.
4 Porque a palavra do SENHOR é reta, e todo o seu proce-
der é fiel.
5 Ele ama a justiça e o direito; a terra está cheia da bondade
do SENHOR.
6 Os céus por sua palavra se fizeram, e, pelo sopro de sua
boca, o exército deles.
7 Ele ajunta em montão as águas do mar; e em reservatório
encerra as grandes vagas.
8 Tema ao SENHOR toda a terra, temam-no todos os habi-
tantes do mundo.
9 Pois ele falou, e tudo se fez; ele ordenou, e tudo passou a
existir.
10 O SENHOR frustra os desígnios das nações e anula os
intentos dos povos.

11 O conselho do SENHOR dura para sempre; os desígnios
do seu coração, por todas as gerações.
12 Feliz a nação cujo Deus é o SENHOR, e o povo que ele
escolheu para sua herança.
13 O SENHOR olha dos céus; vê todos os filhos dos homens;
14 do lugar de sua morada, observa todos os moradores da
terra,
15 ele, que forma o coração de todos eles, que contempla todas
as suas obras.
16 Não há rei que se salve com o poder dos seus exércitos;
nem por sua muita força se livra o valente.
17 O cavalo não garante vitória; a despeito de sua grande
força, a ninguém pode livrar.
18 Eis que os olhos do SENHOR estão sobre os que o temem,
sobre os que esperam na sua misericórdia,
19 para livrar-lhes a alma da morte, e, no tempo da fome,
conservar-lhes a vida.
20 Nossa alma espera no SENHOR, nosso auxílio e escudo.
21 Nele, o nosso coração se alegra, pois confiamos no seu
santo nome.
22 Seja sobre nós, SENHOR, a tua misericórdia, como de ti
esperamos.

34 Provai que o SENHOR é bom!

(Traz proteção aos pobres e oprimidos. Conforta e assegura a paz interior).

1 Bendirei o SENHOR em todo o tempo, o seu louvor esta-
rá sempre nos meus lábios.
2 Gloriar-se-á no SENHOR a minha alma; os humildes o
ouvirão e se alegrarão.
3 Engrandecei o SENHOR comigo, e todos, à uma, lhe
exaltemos o nome.
4 Busquei o SENHOR, e ele me acolheu; livrou-me de todos

os meus temores.
5 Contemplai-o e sereis iluminados, e o vosso rosto jamais
sofrerá vexame.
6 Clamou este aflito, e o SENHOR o ouviu e o livrou de
todas as sua tribulações.
7 O anjo do SENHOR acampa-se ao redor dos que o temem
e os livra.
8 Oh! Provai e vede que o SENHOR é bom; bem-aventu-
rado o homem que nele se refugia.
9 Temei o SENHOR, vós os seus santos, pois nada falta aos
que o temem.
10 Os leõezinhos sofrem necessidade e passam fome, porém
aos que buscam o SENHOR bem nenhum lhes faltará.
11 Vinde, filhos, e escutai-me; eu vos ensinarei o temor do
SENHOR.
12 Quem é o homem que ama a vida e quer longevidade para
ver o bem?
13 Refreia a tua língua do mal e os teus lábios de falarem
dolosamente.
14 Aparta-te do mal e pratica o que é bom; procura a paz e
empenha-te por alcançá-la.
15 Os olhos do SENHOR repousam sobre os justos, e os seus
ouvidos estão abertos ao seu clamor.
16 O rosto do SENHOR está contra os que praticam o mal,
para lhes extirpar da terra a memória.
17 Clamam os justos, e o SENHOR os escuta e os livra de
todas as suas tribulações.
18 Perto está o SENHOR dos que têm o coração quebranta-
do e salva os de espírito oprimido.
19 Muitas são as aflições do justo, mas o SENHOR de todas
o livra.
20 Preserva-lhe todos os ossos, nem um deles sequer será
quebrado.
21 O infortúnio matará o ímpio, e os que odeiam o justo serão

condenados.
22 O SENHOR resgata a alma dos seus servos, e dos que nele confiam nenhum será condenado.

35 Castigo dos adversários

(Renova a confiança na justiça e na proteção divina).

1 Contende, SENHOR, com os que contendem comigo; peleja contra os que contra mim pelejam.
2 Embraça o escudo e o broquel e ergue-te em meu auxílio.
3 Empunha a lança e reprime o passo aos meus perseguidores; dize à minha alma: Eu sou a tua salvação.
4 Sejam confundidos e cobertos de vexame os que buscam tirar-me a vida; retrocedam e sejam envergonhados os que tramam contra mim.
5 Sejam como palha ao léu do vento, impelindo-os o anjo do SENHOR.
6 Torne-se-lhes o caminho tenebroso e escorregadio e o anjo do SENHOR os persiga.
7 Pois sem causa me tramaram laços, sem causa abriram cova para minha vida.
8 Venha sobre o inimigo a destruição, quando ele menos pensar; e prendam-no os laços que tramou ocultamente; caia neles para a sua própria ruína.
9 E minha alma se regozijará no SENHOR e se deleitará na sua salvação.
10 Todos os meus ossos dirão: SENHOR, quem contigo se assemelha? Pois livras o aflito daquele que é demais forte para ele, o mísero e o necessitado, dos seus extorquidores.
11 Levantam-se iníquas testemunhas e me argúem de cousas que eu não sei.
12 Pagam-me o mal pelo bem, o que é desolação para minha alma.
13 Quanto a mim, porém, estando eles enfermos, as minhas

vestes eram pano de saco; eu afligia minha alma com jejum
e em oração me reclinava sobre o peito,
14 portava-me como se eles fossem meus irmãos; andava
curvado, de luto, como quem chora por sua mãe.
15 Quando, porém, tropecei, eles se alegraram e se reuniram;
reuniram-se contra mim; os abjetos, que eu não conhecia,
dilaceraram-me sem tréguas,
16 como vis bufões em festins, rangiam contra mim os dentes.
17 Até quando, SENHOR, ficarás olhando? Livra-me a alma
das violências deles; dos leões, a minha predileta.
18 Dar-te-ei graças na grande congregação, louvar-te-ei no
meio da multidão poderosa.
19 Não se alegrem de mim os meus inimigos gratuitos; não
pisquem os olhos os que sem causa me odeiam.
20 Não é de paz que eles falam; pelo contrário, tramam enga-
nos contra os pacíficos da terra.
21 Escancaram contra mim a boca e dizem: Pegamos! Pega-
mos! Vimo-lo com os nossos próprios olhos.
22 Tu, SENHOR, os viste; não te cales; SENHOR, não te
ausentes de mim.
23 Acorda e desperta para me fazeres justiça para a minha
causa, Deus meu e SENHOR meu.
24 Julga-me, SENHOR, Deus meu, segundo a tua justiça;
não permitas que se regozijem contra mim.
25 Não digam eles lá no seu íntimo: Agora, sim! Cumpriu-se
o nosso desejo! Não digam: Demos cabo dele!
26 Envergonhem-se e juntamente sejam cobertos de vexame
os que se alegram com o meu mal; cubram-se de pejo e
ignomínia os que se engrandecem contra mim.
27 Cantem de júbilo e se alegrem os que têm prazer na minha
retidão; e digam sempre: Glorificado seja o SENHOR,
que se compraz na prosperidade do seu servo!
28 E a minha língua celebrará a tua justiça e o teu louvor todo
o dia.

36 Malícia humana e benignidade divina

(Traz proteção para homens e animais. Atrai alegria e bênçãos).

1 Há no coração do ímpio a voz da transgressão, não há temor
de Deus diante de seus olhos.
2 Porque a transgressão o lisonjeia a seus olhos e lhe diz que
a sua iniquidade não há de ser descoberta, nem detestada.
3 As palavras de sua boca são malícia e dolo; abjurou o dis-
cernimento e a prática do bem.
4 No seu leito, maquina a perversidade, detém-se em cami-
nho que não é bom, não se despega do mal.
5 A tua benignidade, SENHOR, chega até aos céus até os
céus; até as nuvens, a tua fidelidade.
6 A tua justiça é como as montanhas de Deus; os teus juízos,
como um abismo profundo. Tu, SENHOR, preservas os
homens e os animais
7 Como é preciosa, ó Deus, a tua benignidade! Por isso, os
filhos dos homens se acolhem à sombra das tuas asas.
8 Fartam-se da abundância da tua casa, e na torrente das
tuas delícias lhes dás de beber.
9 Pois em ti está o manancial da vida; na tua luz vemos a luz.
10 Continua a tua benignidade aos que te conhecem, e a tua
justiça, aos retos de coração.
11 Não me calque o pé da insolência, nem me repila a mão
dos ímpios.
12 Tombaram os obreiros da iniquidade, estão derruídos e já
não podem levantar-se.

37 Temporária, a felicidade dos perversos

(Afasta as tendências para sentimentos inferiores. Previne doenças em geral. Atua contra a maldade e contra a injustiça. Traz sentimento de segurança).

1 Não te indignes por causa dos malfeitores, nem tenhas
inveja dos que praticam a iniquidade.

2 Pois eles dentro em breve definharão como a relva e murcharão como a erva verde.
3 Confia no SENHOR e faze o bem; habita na terra e alimenta-te da verdade.
4 Agrada-te do SENHOR, e ele satisfará os desejos do teu coração.
5 Entrega o teu caminho ao SENHOR, confia nele, e o mais ele fará.
6 Fará sobressair a tua justiça como a luz e o teu direito, como o sol ao meio-dia.
7 Descansa no SENHOR e espera nele, não te irrites por causa do homem que prospera em seu caminho, por causa daquele que leva a cabo os seus maus desígnios.
8 Deixa a ira, abandona o furor; não te impacientes; certamente, isso acabará mal.
9 Porque os malfeitores serão exterminados, mas os que esperam no SENHOR possuirão a terra.
10 Mais um pouco de tempo, e já não existirá o ímpio; procurarás o seu lugar e não o acharás.
11 Mas os mansos herdarão a terra e se deleitarão na abundância de paz.
12 Trama o ímpio contra o justo e contra ele ringe os dentes.
13 Rir-se-á dele o SENHOR, pois vê estar-se aproximando o seu dia.
14 Os ímpios arrancam da espada e distendem o arco para abater o pobre e necessitado, para matar os que trilham o reto caminho.
15 A sua espada, porém, lhes traspassará o próprio coração, e os seus arcos serão espedaçados.
16 Mais vale o pouco do justo, que a abundância de muitos ímpios.
17 Pois os braços dos ímpios serão quebrados, mas os justos, o SENHOR os sustém.
18 O SENHOR conhece os dias dos íntegros; a herança deles

permanecerá para sempre.
19 Não serão envergonhados nos dias do mal e nos dias da
fome se fartarão.
20 Os ímpios, no entanto, perecerão, e os inimigos do
SENHOR serão como o viço das pastagens; serão aniqui-
lados e se desfarão em fumaça.
21 O ímpio pede emprestado e não paga, o justo, porém, se
compadece e dá.
22 Aqueles a quem o SENHOR abençoa possuirão a terra; e
serão exterminados aqueles a quem amaldiçoa.
23 O SENHOR firma os passos do homem bom e no seu
caminho se compraz;
24 se cair, não ficará prostrado, porque o SENHOR o segura
pela mão.
25 Fui moço e já, agora, sou velho, porém jamais vi o justo
desamparado, nem a sua descendência a mendigar o pão.
26 É sempre compassivo e empresta, e a sua descendência
será uma bênção.
27 Aparta-te do mal e faze o bem, e será perpétua a tua mora-
da.
28 Pois o SENHOR ama a justiça e não desampara os seus
santos; serão preservados para sempre, mas a descendên-
cia dos ímpios será exterminada.
29 Os justos herdarão a terra e nela habitarão para sempre.
30 A boca do justo profere a sabedoria, e a sua língua fala o
que é justo.
31 No coração, tem ele a lei do seu Deus; os seus passos não
vacilarão.
32 O perverso espreita ao justo e procura tirar-lhe a vida.
33 Mas o SENHOR não o deixará nas suas mãos, nem o con-
denará quando for julgado.
34 Espera no SENHOR, segue o seu caminho, e ele te exal-
tará para possuíres a terra; presenciarás isso quando os
ímpios forem exterminados.

35 Vi um ímpio prepotente a expandir-se qual cedro do Líbano.
36 Passei, e eis que desaparecera; procurei-o, e já não foi encontrado.
37 Observa o homem íntegro e atenta no que é reto; porquanto o homem de paz terá prosperidade.
38 Quanto aos transgressores, serão, a uma, destruídos; a descendência dos ímpios será exterminada.
39 Vem do SENHOR a salvação dos justos;ele é a sua fortaleza no dia da tribulação.
40 O SENHOR os ajuda e os livra; livra-os dos ímpios e os salva, porque nele buscam refúgio.

38 Arrependimento do pecador

(Reanima o espírito debilitado, arrependido. Preserva o sentimento de espiritualidade, mantendo a confiança no futuro).

1 Não me repreendas, SENHOR, na tua ira, nem me castigues no teu furor.
2 Cravam-se em mim as tuas setas, e a tua mão recai sobre mim.
3 Não há parte sã na minha carne, por causa da tua indignação; não há saúde nos meus ossos, por causa do meu pecado.
4 Pois já se elevam acima de minha cabeça as minhas iniquidades; como fardos pesados, excedem as minhas forças.
5 Tornam-se infectas e purulentas as minhas chagas, por causa da minha loucura.
6 Sinto-me encurvado e sobremodo abatido, ando de luto o dia todo.
7 Ardem-me os lombos, e não há parte sã na minha carne.
8 Estou aflito e mui quebrantado; dou gemidos por efeito do desassossego do meu coração.
9 Na tua presença, SENHOR, estão os meus desejos todos,

e a minha ansiedade não te é oculta.
10 Bate-me excitado o coração, faltam-me as forças, e a luz
dos meus olhos, essa mesma já não está comigo.
11 Os meus amigos e companheiros afastam-se da minha
praga, e os meus parentes ficam de longe.
12 Armam ciladas contra mim os que tramam tirar-me a vida;
os que me procuram fazer o mal dizem cousas perniciosas
e imaginam engano todo o dia.
13 Mas eu, como surdo, não ouço e, qual mudo, não abro a
boca.
14 Sou, com efeito, como quem não ouve e em cujos lábios
não há réplica.
15 Pois em ti, SENHOR, espero; tu me atenderás, SENHOR,
Deus meu.
16 Porque eu dizia: Não suceda que se alegrem de mim e
contra mim se engrandeçam quando me resvala o pé.
17 Pois estou prestes a tropeçar; a minha dor está sempre
perante mim.
18 Confesso a minha iniquidade; suporto tristeza por causa
do meu pecado.
19 Mas os meus inimigos são vigorosos e fortes, e são muitos
os que sem causa me odeiam.
20 Da mesma sorte, os que pagam o mal pelo bem são meus
adversários, porque eu sigo o que é bom.
21 Não me desampares, SENHOR; Deus meu, não te ausen-
tes de mim.
22 Apressa-te em socorrer-me, SENHOR, salvação minha.

39 A vaidade da vida

(Conforta a alma e ensina a humildade, a paciência e a benevolência).

1 Disse comigo mesmo: guardarei os meus caminhos, para
não pecar com a língua; porei mordaça à minha boca,
enquanto estiver na minha presença o ímpio.

2 Emudeci em silêncio, calei acerca do bem, e a minha dor
se agravou.
3 Esbraseou-se-me no peito o coração; enquanto eu meditava, ateou-se o fogo; então, eu disse com a própria língua:
4 Dá-me a conhecer, SENHOR, o meu fim e qual a soma
dos meus dias, para que eu reconheça a minha fragilidade.
5 Deste aos meus dias o comprimento de alguns palmos; à
tua presença, o prazo da minha vida é nada. Na verdade,
todo homem, por mais firme que esteja, é pura vaidade.
6 Com efeito, passa o homem como uma sombra; em vão se
inquieta; amontoa tesouros e não sabe quem os levará.
7 E eu, SENHOR, que espero? Tu és a minha esperança.
8 Livra-me de todas as minhas iniquidades; não me faças o
opróbrio do insensato.
9 Emudeço, não abro os meus lábios porque tu fizeste isso.
10 Tira de sobre mim o teu flagelo; pelo golpe de tua mão,
estou consumido.
11 Quando castigas o homem com repreensões, por causa da
iniquidade, destróis nele, como traça, o que tem de precioso. Com efeito, todo homem é pura vaidade.
12 Ouve, SENHOR, a minha oração, escuta-me quando
grito por socorro; não te emudeças à vista de minhas lágrimas, porque sou forasteiro à tua presença, peregrino como
todos os meus pais o foram.
13 Desvia de mim o teu olhar, para que eu tome alento, antes
que eu passe e deixe de existir.

40 Oração para livramento

(Traz conforto, proteção e amparo aos oprimidos).

1 Esperei confiantemente pelo SENHOR; ele se inclinou
para mim e me ouviu quando clamei por socorro.
2 Tirou-me de um poço de perdição, dum tremedal de lama;
colocou-me os pés sobre uma rocha e me firmou os passos.

3 E me pôs nos lábios um novo cântico, um hino de louvor
ao nosso Deus; muitos verão essas cousas, temerão e con-
fiarão no SENHOR.
4 Bem-aventurado o homem que põe no SENHOR a sua
confiança e não pende para os arrogantes, nem para os
afeiçoados à mentira.
5 São muitas, SENHOR, Deus meu, as maravilhas que tens
operado e também os teus desígnios para conosco; ninguém
há que se possa igualar contigo. Eu quisera anunciá-los e
deles falar, mas são mais do que se pode contar.
6 Sacrifícios e ofertas não quiseste; abriste os meus ouvidos;
holocaustos e ofertas pelo pecado não requeres.
7 Então, eu disse: eis, aqui estou, no rolo do livro está escri-
to a meu respeito;
8 agrada-me fazer a tua vontade, ó Deus meu; dentro do
meu coração, está a tua lei.
9 Proclamei as boas-novas de justiça na grande congregação;
jamais cerrei os lábios, tu o sabes, SENHOR.
10 Não ocultei no coração a tua justiça; proclamei a tua fide-
lidade e a tua salvação; não escondi da grande congregação
a tua graça e a tua verdade.
11 Não retenhas de mim, SENHOR, as tuas misericórdias;
guardem-me sempre a tua graça e a tua verdade.
12 Não têm conta os males que me cercam; as minhas iniqui-
dades me alcançaram, tantas, que me impedem a vista; são
mais numerosas que os cabelos de minha cabeça, e o cora-
ção me desfalece.
13 Praza-te, SENHOR, em livrar-me; dá-te pressa, ó
SENHOR, em socorrer-me.
14 Sejam à uma envergonhados e cobertos de vexame os que
me demandam a vida; tornem atrás e cubram-se de igno-
mínia os que se comprazem no meu mal.
15 Sofram perturbação por causa da sua ignomínia os que
dizem: Bem-feito! Bem-feito!

16 Folguem e em ti se rejubilem todos os que te buscam; os que amam a tua salvação digam sempre: O SENHOR seja magnificado!
17 Eu sou pobre e necessitado, porém o SENHOR cuida de mim; tu és o meu amparo e o meu libertador; não te detenhas, ó Deus meu!

41 A calúnia dos inimigos e o socorro de Deus

(Atrai novo ânimo para os doentes. Protege contra ações de adversários).

1 Bem-aventurado o que acode ao necessitado; o SENHOR o livra no dia do mal.
2 O SENHOR o protege, preserva-lhe a vida e o faz feliz na terra; não o entrega à discrição dos seus inimigos.
3 O SENHOR o assiste no leito da enfermidade; na doença, tu lhe afofas a cama.
4 Disse eu: compadece-te de mim, SENHOR; sara a minha alma, porque pequei contra ti.
5 Os meus inimigos falam mal de mim; Quando morrerá e lhe perecerá o nome?
6 Se algum deles me vem visitar, diz cousas vãs, amontoando no coração malícias; em saindo, é disso que fala.
7 De mim rosnam à uma todos os que me odeiam; engendram males contra mim, dizendo:
8 Peste maligna deu nele, e: Caiu de cama, já não há de levantar-se.
9 Até o meu amigo íntimo, em quem eu confiava, que comia do meu pão, levantou contra mim o calcanhar.
10 Tu, porém, SENHOR, compadece-te de mim e levanta-me, para que eu lhes pague segundo merecem.
11 Com isto conheço que tu te agradas de mim: em não triunfar contra mim o meu inimigo.
12 Quanto a mim, tu me susténs na minha integridade e me

pões à tua presença para sempre.
13 Bendito seja o SENHOR, Deus de Israel, da eternidade
para a eternidade! Amém e Amém!

42 A alma anela por Deus

(Traz alívio à angústia e conforta a alma enfraquecida).

1 Como suspira a corça pelas correntes das águas, assim, por
ti, ó Deus, suspira a minha alma.
2 A minha alma tem sede de Deus, do Deus vivo; quando
irei e me verei perante a face de Deus?
3 As minhas lágrimas têm sido o meu alimento dia e noite,
enquanto me dizem continuamente: O teu Deus, onde
está?
4 Lembro-me destas cousas - e dentro de mim se me derra-
ma a alma -, de como passava eu com a multidão de povo
e os guiava em procissão à Casa de Deus, entre gritos de
alegria e louvor, multidão em festa.
5 Por que estás abatida, ó minha alma? Por que te perturbas
dentro de mim? Espera em Deus, pois ainda o louvarei, a
ele, meu auxílio e Deus meu.
6 Sinto abatida dentro de mim a minha alma; lembro-me,
portanto, de ti, nas terras do Jordão, e no monte Hermom,
e no outeiro de Mizar.
7 Um abismo chama outro abismo, ao fragor das tuas cata-
dupas; todas as tuas ondas vagas passaram sobre mim.
8 Contudo, o SENHOR, durante o dia, me concede a sua
misericórdia, e à noite comigo está o seu cântico, uma ora-
ção ao Deus da minha vida.
9 Digo a Deus, minha rocha: por que te olvidaste de mim?
Por que hei de andar eu lamentando sob a opressão dos
meus inimigos?
10 Esmigalham-se-me os ossos, quando os meus adversários
me insultam, dizendo e dizendo: O teu Deus, onde está?

11 Por que estás abatida, ó minha alma? Por que te perturbas
dentro de mim? Espera em Deus, pois ainda o louvarei, a
ele, meu auxílio e Deus meu.

43 Desejos pelo santuário

(Auxilia na solução das demandas judiciais. Livra das ações de falsidade).

1 Faze-me, justiça, ó Deus e pleiteia a minha causa contra a
nação contenciosa; livra-me do homem fraudulento e injusto.
2 Pois tu és o Deus da minha fortaleza. Por que me rejeitas?
Por que hei de andar eu lamentando sob a opressão dos
meus inimigos?
3 Envia a tua luz e a tua verdade, para que me guiem e me
levem ao teu santo monte e aos teus tabernáculos.
4 Então, irei ao altar de Deus, de Deus, que é a minha grande alegria; ao som da harpa eu te louvarei,
5 Deus, Deus meu.
6 Por que estás abatida, ó minha alma? Por que te perturbas
dentro de mim? Espera em Deus, pois ainda o louvarei, a
Ele, meu auxílio e Deus meu.

44 Apelo por auxílio divino

(Traz iluminação espiritual e renova a fé diante da adversidade).

1 Ouvimos, ó Deus, com os próprios ouvidos: nossos pais
nos têm contado o que outrora fizeste, em seus dias.
2 Como por tuas próprias mãos desapossaste as nações e os
estabeleceste; oprimiste os povos e aos pais deste largueza.
3 Pois não foi por sua espada que possuíram a terra, nem foi
o seu braço que lhes deu vitória, e sim a tua destra, e o teu
braço, e o fulgor do teu rosto, porque te agradaste deles.
4 Tu és o meu rei, ó Deus, ordena a vitória de Jacó.

5 Com o teu auxílio, vencemos os nossos inimigos; em teu
nome, calcamos aos pés os que se levantam contra nós.
6 Não confio no meu arco, e não é a minha espada que me
salva.
7 Pois tu nos salvaste dos nossos inimigos e cobriste de ver-
gonha os que me odeiam.
8 Em Deus, nos temos gloriado continuamente e para sem-
pre louvaremos o teu nome.
9 Agora, porém, tu nos lançaste fora, e nos expuseste à ver-
gonha, e já não sais com os nossos exércitos.
10 Tu nos fazes bater em retirada à vista dos nossos inimigos,
e os que nos odeiam nos tomam por seu despojo.
11 Entregaste-nos como ovelhas para o corte e nos espalhas-
te entre as nações.
12 Vendes por um nada o teu povo e nada lucras com o seu
preço.
13 Tu nos fazes opróbrio dos nossos vizinhos, escárnio e
zombaria aos que nos rodeiam.
14 Pões-nos por ditado entre as nações, alvo de meneios de
cabeça entre os povos.
15 A minha ignomínia está sempre diante de mim; cobre-se
de vergonha o meu rosto,
16 ante os gritos do que afronta e blasfema, à vista do inimi-
go e do vingador.
17 Tudo isso nos sobreveio; entretanto, não nos esquecemos
de ti; nem fomos infiéis à tua aliança.
18 Não tornou atrás o nosso coração, nem se desviaram os
nossos passos dos teus caminhos,
19 para nos esmagares onde vivem os chacais e nos envolve-
res com as sombras da morte.
20 Se tivéssemos esquecido o nome do nosso Deus ou tivés-
semos estendido as mãos a deus estranho,
21 porventura, não o teria atinado Deus, ele, que conhece os
segredos dos corações?

22 Mas, por amor de ti, somos entregues à morte continuamente, somos considerados como ovelhas para o matadouro.
23 Desperta! Por que dormes, SENHOR? Desperta, não nos rejeites para sempre.
24 Por que escondes a face e te esqueces da nossa miséria e da nossa opressão?
25 Pois a nossa alma está abatida até ao pó, e o nosso corpo, como que pegado no chão.
26 Levanta-te para socorrer-nos e resgata-nos por amor da tua benignidade.

45 O Ungido de Deus e a sua noiva

(Promove os sentimentos de alegria, amor e fraternidade).

1 De boas palavras transborda o meu coração. Ao Rei consagro o que compus; a minha língua é como a pena de habilidoso escritor.
2 Tu és o mais formoso dos filhos dos homens; nos teus lábios se extravasou a graça; por isso, Deus te abençoou para sempre.
3 Cinge a espada no teu flanco, herói; cinge a tua glória e a tua majestade!
4 E nessa majestade cavalga prosperamente pela causa da verdade e da justiça; e a tua destra te ensinará proezas.
5 As tuas setas são agudas, penetram o coração dos inimigos do rei; os povos caem submissos a ti.
6 O teu trono, ó Deus, é para todo o sempre; cetro de equidade é o cetro do teu reino.
7 Amas a justiça e odeias a iniquidade; por isso, Deus, o teu Deus, te ungiu com o óleo de alegria, como a nenhum dos teus companheiros.
8 Todas as tuas vestes recendem a mirra, aloés e cássia; de palácios de marfim ressoam instrumentos de cordas que

te alegram.
9 Filhas de reis se encontram entre as tuas damas de honra; à tua direita está a rainha adornada de ouro finíssimo de Ofir.
10 Ouve, filha; vê, dá atenção; esquece o teu povo e a casa de teu pai.
11 Então, o Rei cobiçará a tua formosura; pois ele é o teu SENHOR; inclina-te perante ele.
12 A ti virá a filha de Tiro trazendo donativos; os mais ricos do povo te pedirão favores.
13 Toda formosura é a filha do Rei no interior do palácio; a sua vestidura é recamada de ouro.
14 Em roupagens bordadas conduzem-na perante o Rei; as virgens, suas companheiras que a seguem, serão trazidas à tua presença.
15 Serão dirigidas com alegria e regozijo; entrarão no palácio do Rei.
16 Em vez de teus pais, serão teus filhos, os quais farás príncipes por toda a terra.
17 O teu nome, eu o farei celebrado de geração a geração, e, assim, os povos te louvarão para todo o sempre.

46 Deus é o nosso refúgio e fortaleza

(Em agradecimento pela coragem nas provações e bênçãos recebidas).

1 Deus é o nosso refúgio e fortaleza, socorro bem presente nas tribulações.
2 Portanto, não temeremos ainda que a terra se transtorne e os montes se abalem no seio dos mares;
3 ainda que as águas tumultuem e espumejem e na sua fúria os montes se estremeçam.
4 Há um rio, cujas correntes alegram a cidade de Deus, o santuário das moradas do Altíssimo.
5 Deus está no meio dela; jamais será abalada; Deus a aju-

dará desde antemanhã.
6 Bramam nações, reinos se abalam; ele faz ouvir a sua voz, e a terra se dissolve.
7 O SENHOR dos Exércitos está conosco; o Deus de Jacó é o nosso refúgio.
8 Vinde, contemplai as obras do SENHOR, que assolações efetuou na terra.
9 Ele põe termo à guerra até aos confins do mundo, quebra o arco e despedaça a lança; queima os carros no fogo.
10 Aquietai-vos e sabei que eu sou Deus; sou exaltado na terra.
11 O SENHOR dos Exércitos está conosco; o Deus de Jacó é o nosso refúgio.

47 Deus, o rei da Terra

(Traz proteção ao lar, contra as más energias).

1 Batei palmas, todos os povos; celebrai a Deus com vozes de júbilo.
2 Pois o SENHOR Altíssimo é tremendo, é o grande rei de toda a terra.
3 Ele nos submeteu os povos e pôs sob os nossos pés as nações.
4 Escolheu-nos a nossa herança, a glória de Jacó, a quem ele ama.
5 Subiu Deus por entre aclamações, o SENHOR, ao som de trombeta.
6 Salmodiai a Deus, cantai louvores; salmodiai ao nosso rei, cantai louvores.
7 Deus é o rei de toda a Terra; salmodiai com harmonioso cântico.
8 Deus reina sobre as nações; Deus se assenta no seu santo trono.
9 Os príncipes dos povos se reúnem, o povo do Deus de

Abraão, porque a Deus pertencem os escudos da terra; ele se exaltou gloriosamente.

48 A cidade de Deus

(Favorece o discernimento justo e a elevação espiritual).

1 Grande é o SENHOR e mui digno de ser louvado, na cidade do nosso Deus.
2 Seu santo monte, belo e sobranceiro, é a alegria de toda a terra; o monte de Sião, para os lados do Norte, a cidade do grande Rei.
3 Nos palácios dela, Deus se faz conhecer como alto refúgio.
4 Por isso, eis que os reis se coligaram e juntos sumiram-se;
5 bastou-lhes vê-lo, e se espantaram, tomaram-se de assombro e fugiram apressados.
6 O terror ali os venceu, e sentiram dores como de parturiente.
7 Com vento oriental destruíste as naus de Társis.
8 Como temos ouvido dizer, assim o vimos, na cidade do Senhor dos Exércitos, na cidade do nosso Deus. Deus a estabelece para sempre.
9 Pensamos, ó Deus, na tua misericórdia, no meio do teu templo.
10 Como o teu nome, ó Deus, assim o teu louvor se estende até aos confins da terra; a tua destra está cheia de justiça.
11 Alegre-se o monte Sião, exultem as filhas de Judá, por causa dos teus juízos.
12 Percorrei a Sião, rodeai-a toda, contai-lhe as torres;
13 notai bem os seus baluartes, observai os seus palácios, para narrardes às gerações vindouras
14 que este é Deus, o nosso Deus para todo o sempre; ele será nosso guia até à morte.

49 A vaidade do homem

(Traz encorajamento para enfrentar as lutas do cotidiano. Ensina a humildade).

1 Povos todos, escutai isto; dai ouvidos, moradores todos da Terra,
2 tanto plebeus como os de fina estirpe, todos juntamente, ricos e pobres.
3 Os meus lábios falarão sabedoria, e o meu coração terá pensamentos judiciosos.
4 Inclinarei os ouvidos a uma parábola, decifrarei o meu enigma ao som da harpa.
5 Por que hei de eu temer nos dias da tribulação, quando me salteia a iniquidade, dos que me perseguem,
6 dos que confiam nos seus bens e na sua muita riqueza se gloriam?
7 Ao irmão, verdadeiramente, ninguém o pode remir, nem pagar por ele a Deus o seu resgate
8 (Pois a redenção da alma deles é caríssima, e cessará a tentativa para sempre),
9 para que continue a viver perpetuamente e não veja a cova;
10 porquanto vê-se morrerem os sábios e perecerem tanto o estulto como o inepto, os quais deixam a outros as suas riquezas.
11 O seu pensamento íntimo é que as suas casas serão perpétuas e, as suas moradas, para todas as gerações; chegam a dar seu próprio nome às suas terras.
12 Todavia, o homem não permanece em sua ostentação; é, antes, como os animais, que perecem.
13 Tal proceder é estultícia deles; assim, mesmo os seus seguidores aplaudem o que eles dizem.
14 Como ovelhas são postos na sepultura; a morte é o seu pastor; eles descem diretamente para a cova, onde a sua formosura se consome; a sepultura é o lugar em que habitam.

15 Mas Deus remirá a minha alma do poder da morte, pois
ele me tomará para si.
16 Não temas, quando alguém se enriquecer, quando avultar
a glória de sua casa;
17 pois, em morrendo, nada levará consigo, a sua glória não
o acompanhará.
18 Ainda que durante a vida ele se tenha lisonjeado, e ainda
que o louvem quando faz o bem a si mesmo,
19 irá ter com a geração de seus pais, os quais já não verão a
luz.
20 O homem, revestido de honrarias, mas sem entendimen-
to, é, antes, como os animais, que perecem.

50 A essência do culto a Deus

(Renova a confiança na benevolência divina e os sentimentos de lealdade para com o Criador).

1 Fala o Poderoso, o SENHOR Deus, e chama a terra desde
o Levante até ao Poente.
2 Desde Sião, excelência de formosura, resplandece Deus.
3 Vem o nosso Deus e não guarda silêncio; perante ele arde
um fogo devorador, ao seu redor esbraveja grande tormen-
ta.
4 Intima os céus lá em cima e a terra, para julgar o seu povo.
5 Congregai os meus santos, os que comigo fizeram aliança
por meio de sacrifícios.
6 Os céus anunciam a sua justiça, porque é o próprio Deus
que julga.
7 Escuta, povo meu, e eu falarei; ó Israel, e eu testemunha-
rei contra ti. Eu sou Deus, o teu Deus.
8 Não te repreendo pelos teus sacrifícios, nem pelos teus
holocaustos continuamente perante mim.
9 De tua casa não aceitarei novilhos, nem bodes, dos teus
apriscos.

10 Pois são meus todos os animais do bosque e as alimárias
aos milhares sobre as montanhas.
11 Conheço todas as aves dos montes, e são meus todos os
animais que pululam no campo.
12 Se eu tivesse fome, não to diria, pois o mundo é meu e
quanto nele se contém.
13 Acaso, como eu carne de touros? Ou bebo sangue de cabri-
tos?
14 Oferece a Deus sacrifício de ações de graças e cumpre os
teus votos para com o Altíssimo;
15 invoca-me no dia da angústia; eu te livrarei, e tu me glo-
rificarás.
16 Mas ao ímpio diz Deus: De que te serve repetires os meus
preceitos e teres nos lábios a minha aliança,
17 uma vez que aborreces a disciplina e rejeitas as minhas
palavras?
18 Se vês um ladrão, tu te comprazes nele e aos adúlteros te
associas.
19 Soltas a tua boca para o mal, e a tua língua trama enganos.
20 Sentas-te para falar contra teu irmão e difamas o filho de
tua mãe.
21 Tens feito estas cousas, e eu me calei; pensavas que eu era
teu igual; mas eu te argüirei e porei tudo à tua vista.
22 Considerai, pois, nisto, vós que vos esqueceis de Deus,
para que não vos despedace, sem haver quem vos livre.
23 O que me oferece sacrifício de ações de graças, esse me
glorificará; e ao que prepara o seu caminho, dar-lhe-ei que
veja a salvação de Deus.

51 Confissão e arrependimento

(Traz incentivo à busca de renovação espiritual e à mudança de atitudes).

1 Compadece-te de mim, ó Deus, segundo a tua benignida-

de; e segundo a multidão das tuas misericórdias, apaga as
minhas transgressões.
2 Lava-me completamente da minha iniquidade e purifica-
-me do meu pecado.
3 Pois eu conheço as minhas transgressões e o meu pecado
está sempre diante de mim.
4 Pequei contra ti, contra ti somente, e fiz o que é mal peran-
te os teus olhos, de maneira que serás tido por justo no teu
falar e puro no teu julgar.
5 Eu nasci na iniquidade, e em pecado me concebeu minha
mãe.
6 Eis que te comprazes na verdade no íntimo e no recôndito
me fazes conhecer a sabedoria.
7 Purifica-me com hissopo, e ficarei limpo; lava-me, e fica-
rei mais alvo que a neve.
8 Faze-me ouvir júbilo e alegria, para que exultem os ossos
que esmagaste.
9 Esconde o rosto dos meus pecados e apaga todas as minhas
iniquidades.
10 Cria em mim, ó Deus, um coração puro e renova dentro
de mim um espírito inabalável.
11 Não me repulses da tua presença, nem me retires o teu
Santo Espírito.
12 Restitui-me a alegria da tua salvação e sustenta-me com
um espírito voluntário.
13 Então, ensinarei aos transgressores os teus caminhos, e os
pecadores se converterão a ti.
14 Livra-me dos crimes de sangue, ó Deus, Deus da minha
salvação, e a minha língua exaltará a tua justiça.
15 Abre, SENHOR, os meus lábios, e a minha boca mani-
festará os teus louvores.
16 Pois não te comprazes em sacrifícios; do contrário, eu tos
daria; e não te agradas de holocaustos.
17 Sacrifícios agradáveis a Deus são o espírito quebrantado;

coração compungido e contrito, não o desprezarás, ó Deus.
18 Faze bem a Sião, segundo a tua boa vontade, edifica os muros de Jerusalém.
19 Então, te agradarás dos sacrifícios de justiça, dos holocaustos e das ofertas queimadas; e sobre o teu altar se oferecerão novilhos.

52 Condenação do ímpio

(Protege contra a mentira, a prepotência e a opressão).

1 Por que te glorias na maldade, ó homem poderoso? Pois a bondade de Deus dura para sempre.
2 A tua língua urde planos de destruição; é qual navalha afiada, ó praticadora de enganos!
3 Amas o mal antes que o bem; preferes mentir a falar retamente.
4 Amas todas as palavras devoradoras, ó língua fraudulenta!
5 Também Deus te destruirá para sempre; há de arrebatar-te e arrancar-te da tua tenda e te extirpará da terra dos viventes;
6 Os justos hão de ver tudo isso, temerão e se rirão dele, dizendo:
7 Eis o homem que não fazia de Deus a sua fortaleza; antes confiava na abundância dos seus próprios bens e na sua perversidade se fortalecia.
8 Quanto a mim, porém, sou como oliveira verdejante, na Casa de Deus; confio na misericórdia de Deus para todo o sempre.
9 Dar-te-ei graças para sempre, porque assim o fizeste; na presença dos teus fiéis, esperarei no teu nome, porque é bom.

53 A corrupção do pecador e sua redenção

(Afasta a descrença e renova a fé no Criador e em sua infinita sabedoria).

1 Diz o insensato no seu coração. Não há Deus. Corrompem-se e praticam iniquidade; já não há quem faça o bem.
2 Do céu, olha Deus para os filhos dos homens, para ver se há quem entenda, se há quem busque a Deus.
3 Todos se extraviaram e juntamente se corromperam; não há quem faça o bem, não há nem sequer um.
4 Acaso, não entendem os obreiros da iniquidade? Esses, que devoram o meu povo como quem come pão? Eles não invocam a Deus.
5 Tomam-se de grande pavor, onde não há a quem temer; porque Deus dispersa os ossos daquele que te sitia; tu os envergonhas, porque Deus os rejeita.
6 Quem me dera que de Sião viesse já o livramento de Israel! Quando Deus restaurar a sorte do seu povo, então, exultará Jacó, e Israel se alegrará.

54 Apelo para o socorro divino

(Afasta os sentimentos de medo, pânico, perseguição. Protege contra a violência e a hipocrisia).

1 Deus, salva-me, pelo teu nome, e faze-me justiça, pelo teu poder.
2 Escuta, ó Deus, a minha oração, dá ouvidos às palavras da minha boca.
3 Pois contra mim se levantam os insolentes, e os violentos procuram tirar-me a vida; não têm Deus diante de si.
4 Eis que Deus é o meu ajudador, o SENHOR é quem me sustenta a vida.
5 Ele retribuirá o mal aos meus opressores; por tua fidelidade dá cabo deles.
6 Oferecer-te-ei voluntariamente sacrifícios; louvarei o teu

nome, ó SENHOR, porque é bom.
7 Pois me livrou de todas as tribulações; e os meus olhos se
enchem com a ruína dos meus inimigos.

55 Que os traidores sejam destruídos

(Afasta os inimigos cruéis e os falsos amigos).

1 Dá ouvidos, ó Deus, à minha oração, não te escondas da
minha súplica.
2 Atende-me e responde-me; sinto-me perplexo em minha
queixa e ando perturbado,
3 por causa do clamor do inimigo e da opressão do ímpio;
pois sobre mim lançam calamidade e furiosamente me
hostilizam.
4 Estremece-me no peito o coração, terrores de morte me
salteiam;
5 temor e tremor me sobrevêm, e o horror se apodera de
mim.
6 Então, disse eu: quem me dera asas como de pomba! Voa-
ria e acharia pouso.
7 Eis que fugiria para longe e ficaria no deserto.
8 Dar-me-ia pressa em abrigar-me do vendaval e da proce-
la.
9 Destrói, SENHOR, e confunde os seus conselhos, porque
vejo violência e contenda na cidade.
10 Dia e noite giram nas suas muralhas, e, muros a dentro,
campeia a perversidade e a malícia;
11 há destruição no meio dela; das suas praças não se apartam
a opressão e o engano.
12 Com efeito, não é inimigo que me afronta; se o fosse, eu o
suportaria; nem é o que me odeia quem se exalta contra
mim; pois dele eu me esconderia;
13 mas és tu, homem meu igual, meu companheiro e meu
íntimo amigo.

14 Juntos andávamos, juntos nos entretínhamos e íamos com a multidão à Casa de Deus.
15 A morte os assalte, e vivos desçam à cova! Porque há maldade nas suas moradas e no seu íntimo.
16 Eu, porém, invocarei a Deus, e o SENHOR me salvará.
17 À tarde, pela manhã e ao meio-dia, farei as minhas queixas e lamentarei; e ele ouvirá a minha voz.
18 Livra-me a alma, em paz, dos que me perseguem, pois são muitos contra mim.
19 Deus ouvirá e lhes responderá, ele, que preside desde a eternidade, porque não há neles mudança nenhuma, e não temem a Deus.
20 Tal homem estendeu as mãos contra os que tinham paz com ele; corrompeu a sua aliança.
21 A sua boca era mais macia que a manteiga, porém no coração havia guerra; as suas palavras eram mais brandas que o azeite; contudo, eram espadas desembainhadas.
22 Confia os teus cuidados ao SENHOR, e ele te susterá; jamais permitirá que o justo seja abalado.
23 Tu, porém, ó Deus, os precipitarás à cova profunda; homens sanguinários e fraudulentos não chegarão à metade dos seus dias; eu, todavia, confiarei em ti.

56 Conforto na perseguição

(Afasta as pessoas caluniadores e as influências negativas em geral).

1 Tem misericórdia de mim, ó Deus, porque o homem procura ferir-me; e me oprime pelejando todo dia.
2 Os que me espreitam continuamente querem ferir-me; e são muitos os que atrevidamente me combatem.
3 Em me vindo o temor, hei de confiar em ti.
4 Em Deus, cuja palavra eu exalto, neste Deus ponho a minha confiança e nada temerei. Que me pode fazer um mortal?
5 Todo dia torcem as minhas palavras; os seus pensamentos

são todos contra mim para o mal.
6 Ajuntam-se, escondem-se, espionam os meus passos, como
aguardando a hora de me darem cabo da vida.
7 Dá-lhes a retribuição segundo a sua iniquidade. Derriba
os povos, ó Deus, na tua ira!
8 Contaste os meus passos quando sofri perseguições; reco-
lheste as minhas lágrimas no teu odre; não estão elas ins-
critas no teu livro?
9 No dia em que eu te invocar, baterão em retirada os meus
inimigos; bem sei isto: que Deus é por mim.
10 Em Deus, cuja palavra eu louvo, no SENHOR, cuja pala-
vra eu louvo,
11 neste Deus ponho a minha confiança e nada temerei. Que
me pode fazer o homem?
12 Os votos que fiz, eu os manterei, ó Deus; render-te-ei ações
de graças.
13 Pois da morte me livraste a alma, sim, livraste da queda os
meus pés, para que eu ande na presença de Deus, na luz
da vida.

57 Louvor pela benignidade divina

(Protege contra a traição e o perigo de ataque de animais ferozes ou venenosos).

1 Tem misericórdia de mim, ó Deus, tem misericórdia, pois
em ti a minha alma se refugia; à sombra das tuas asas me
abrigo, até que passem as calamidades.
2 Clamarei ao Deus altíssimo, ao Deus que por mim tudo
executa.
3 Ele dos céus me envia o seu auxílio e me livra; cobre de
vergonha os que me ferem. Envia a sua misericórdia e a
sua fidelidade.
4 Acha-se a minha alma entre leões, ávidos de devorar os
filhos dos homens; lanças e flechas são os seus dentes,

espada afiada, a sua língua.
5 Sê exaltado, ó Deus, acima dos céus; e em toda a terra
esplenda a tua glória.
6 Armaram rede aos meus passos, a minha alma está abati-
da; abriram cova diante de mim, mas eles mesmos caíram
nela.
7 Firme está o meu coração, ó Deus,o meu coração está fir-
me; cantarei e entoarei louvores.
8 Desperta, ó minha alma! Despertai, lira e harpa! Quero
acordar a alva.
9 Render-te-ei graças entre os povos; cantar-te-ei louvores
entre as nações.
10 Pois a tua misericórdia se eleva até aos céus, e a tua fide-
lidade, até às nuvens.
11 Sê exaltado, ó Deus, acima dos céus; e em toda a terra
esplenda a tua glória.

58 A sorte dos ímpios

(Protege contra os bandidos e contra a tirania).

1 Falais verdadeiramente justiça, ó juízes? Julgais com reti-
dão os filhos dos homens?
2 Longe disso; antes, no íntimo, engendrais iniquidades e
distribuís na terra a violência de vossas mãos.
3 Desviam-se os ímpios desde a sua concepção; nascem e já
se desencaminham, proferindo mentiras.
4 Têm peçonha semelhante à peçonha da serpente; são como
a víbora surda, que tapa os ouvidos,
5 para não ouvir a voz dos encantadores, do mais fascinante
em encantamentos.
6 Ó Deus, quebra-lhes os dentes na boca; arranca, SENHOR,
os queixais aos leõezinhos.
7 Desapareçam como águas que se escoam; ao dispararem
flechas, fiquem elas embotadas.

8 Sejam, como a lesma, que passa diluindo-se; como o aborto de mulher, não vejam nunca o sol.
9 Como espinheiros, antes que vossas panelas sintam deles o calor, tanto os verdes como os que estão em brasa serão arrebatados como por um redemoinho.
10 Alegrar-se-á o justo quando vir a vingança; banhará os pés no sangue do ímpio.
11 Então, se dirá: Na verdade, há recompensa para o justo; há um Deus, com efeito, que julga na terra.

59 Súplica em prol de libertação

(Ajuda a afastar a tristeza ou a angústia causadas pelas tragédias coletivas).

1 Livra-me, Deus meu, dos meus inimigos; põe-me acima do alcance dos meus adversários.
2 Livra-me dos que praticam a iniquidade e salva-me dos homens sanguinários,
3 pois que armam ciladas à minha alma; contra mim se reúnem os fortes, sem transgressão minha, ó SENHOR, ou pecado meu.
4 Sem culpa minha, eles se apressam e investem; desperta, vem ao meu encontro e vê.
5 Tu, SENHOR, Deus dos Exércitos, és o Deus de Israel; desperta, pois, e vem de encontro a todas as nações; não te compadeças de nenhum dos que traiçoeiramente praticam a iniquidade.
6 Ao anoitecer, uivam como cães, à volta da cidade.
7 Alardeiam de boca; em seus lábios há espadas. Pois dizem eles: Quem há que nos escute?
8 Mas tu, SENHOR, te rirás deles; zombarás de todas as nações.
9 Em ti, força minha, esperarei; pois Deus é meu alto refúgio.

10 Meu Deus virá ao meu encontro com a sua benignidade,
Deus me fará ver o meu desejo sobre os meus inimigos.
11 Não os mates, para que o meu povo não se esqueça; dis-
persa-os pelo teu poder e abate-os, ó SENHOR, escudo
nosso.
12 Pelo pecado de sua boca, pelas palavras dos seus lábios, na
sua própria soberba sejam enredados e pela abominação e
mentiras que proferem.
13 Consome-os com indignação, consome-os, de sorte que
jamais existam e se saiba que reina Deus em Jacó, até aos
confins da terra.
14 Ao anoitecer, uivam como cães, à volta da cidade.
15 Vagueiam à procura de comida e, se não se fartam, então,
rosnam.
16 Eu, porém, cantarei a tua força; pela manhã louvarei com
alegria a tua misericórdia; pois tu me tens sido alto refúgio
e proteção no dia da minha angústia.
17 A ti, força minha, cantarei louvores, porque Deus é meu
alto refúgio, é o Deus da minha misericórdia.

60 Oração em tempos de guerra

(Para proteção dos dirigentes das nações e dos que estão no exílio).

1 Ó Deus, tu nos rejeitaste e nos dispersaste; tens estado
indignado; oh! Restabelece-nos.
2 Abalaste a terra, fendeste-a; repara-lhe as brechas, pois
ela ameaça ruir.
3 Fizeste o teu povo experimentar reveses e nos deste a beber
o vinho que atordoa.
4 Deste um estandarte aos que te temem, para fugirem de
diante do arco.
5 Para que os teus amados sejam livres, salva com a tua des-
tra e responde-nos.
6 Falou Deus na sua santidade: Exultarei; dividirei Siquém

e medirei o vale de Sucote.
7 Meu é Gileade, meu é Manassés; Efraim é a defesa de
minha cabeça; Judá é o meu cetro.
8 Moabe, porém, é a minha bacia de lavar; sobre Edom atirarei a minha sandália; sobre a Filístia jubilarei.
9 Quem me conduzirá à cidade fortificada? Quem me guiará até Edom?
10 Não nos rejeitaste, ó Deus? Tu não sais, ó Deus, com os
nossos exércitos!
11 Presta-nos auxílio na angústia, pois vão é o socorro do
homem.
12 Em Deus faremos proezas, porque ele mesmo calca aos
pés os nossos adversários.

61 Oração pelo rei

(Promove o fortalecimento do amor à Pátria. Inspira os dirigentes das nações a governarem com justiça e honestidade).

1 Ouve, ó Deus, a minha súplica; atende à minha oração.
2 Desde os confins da terra clamo por ti, no abatimento do
meu coração. Leva-me para a rocha que é alta demais para
mim;
3 pois tu me tens sido refúgio e torre forte contra o inimigo.
4 Assista eu no teu tabernáculo, para sempre; no esconderijo das tuas asas, eu me abrigo.
5 Pois ouviste, ó Deus, os meus votos e me deste a herança
dos que temem o teu nome.
6 Dias sobre dias acrescentas ao rei; duram os seus anos
gerações após gerações.
7 Permaneça para sempre diante de Deus; concede-lhe que
a bondade e a fidelidade o preservem.
8 Assim, salmodiarei o teu nome para sempre, para cumprir,
dia após dia, os meus votos.

62 Exortação à confiança

(Fortalece a confiança, a esperança e a certezana bondade e sabedoria divina).

1 Somente em Deus, ó minha alma, espera silenciosa; dele
vem a minha salvação.
2 Só ele é a minha rocha e a minha salvação, e o meu alto
refúgio; não serei muito abalado.
3 Até quando acometereis vós a um homem, todos vós, para
o derribardes, como se fosse uma parede pendida ou um
muro prestes a cair?
4 Só pensam em derribá-lo da sua dignidade; na mentira se
comprazem; de boca bendizem, porém no interior maldi-
zem.
5 Somente em Deus, ó minha alma, espera silenciosa, porque
dele vem a minha esperança.
6 Só ele é a minha rocha, e a minha salvação, e o meu alto
refúgio; não serei jamais abalado.
7 De Deus dependem a minha salvação e a minha glória;
estão em Deus a minha forte rocha e o meu refúgio.
8 Confiai nele, ó povo, em todo tempo; derramai perante ele
o vosso coração; Deus é o nosso refúgio.
9 Somente vaidade são os homens plebeus; falsidade, os de
fina estirpe; pesados na balança, eles juntos são mais leves
que a vaidade.
10 Não confieis naquilo que extorquis, nem vos vanglorieis
na rapina; se as vossas riquezas prosperam, não ponhais
nelas o coração.
11 Uma vez falou Deus, duas vezes ouvi isto: Que o poder
pertence a Deus,
12 e a ti, SENHOR, pertence a graça, pois a cada um retribuis
segundo as suas obras.

63 Buscando a Deus

(Protege contra a calúnia, a mentira e a violência em geral).

1 Ó Deus, tu és o meu Deus forte; eu te busco ansiosamen-
te; a minha alma tem sede de ti; meu corpo te almeja, como
terra árida, exausta, sem água.
2 Assim, eu te contemplo no santuário, para ver a tua força
e a tua glória.
3 Porque a tua graça é melhor do que a vida; os meus lábios
te louvam.
4 Assim, cumpre-me bendizer-te enquanto eu viver; em teu
nome, levanto as mãos.
5 Como de banha e de gordura farta-se a minha alma; e, com
júbilo nos lábios, a minha boca te louva,
6 no meu leito, quando de ti me recordo e em ti medito,
durante a vigília da noite.
7 Porque tu me tens sido auxílio; à sombra das tuas asas, eu
canto jubiloso.
8 A minha alma apega-se a ti; a tua destra me ampara.
9 Porém os que me procuram a vida para a destruir abismar-
-se-ão nas profundezas da terra.
10 Serão entregues ao poder da espada e virão a ser pasto dos
chacais.
11 O rei, porém, se alegra em Deus; quem por ele jura glo-
riar-se-á, pois se tapará a boca dos que proferem mentira.

64 Proteção contra os inimigos

(Afasta as ações de traição, as ciladas do inimigo).

1 Ouve, ó Deus, a minha voz nas minhas perplexidades;
preserva-me a vida do terror do inimigo.
2 Esconde-me da conspiração dos malfeitores e do tumulto
dos que praticam a iniquidade,
3 os quais afiam a língua como espada e apontam, quais
flechas, palavras amargas,

4 para, às ocultas, atingirem o íntegro; contra ele disparam
repentinamente e não temem.
5 Teimam no mau propósito; falam em secretamente armar
ciladas; dizem: Quem nos verá?
6 Projetam iniquidade, inquirem tudo o que se pode exco-
gitar; é um abismo o pensamento e o coração de cada um
deles.
7 Mas Deus defere contra eles uma seta; de súbito, se acha-
rão feridos.
8 Dessarte serão levados a tropeçar; a própria língua se vol-
tará contra eles; todos os que vêem meneiam a cabeça.
9 E todos os homens temerão, e anunciarão as obras de Deus,
e entenderão o que ele faz.
10 O justo se alegra no SENHOR e nele confia; os de reto
coração, todos se gloriam.

65 Ações de graças pelas bênçãos das searas

(Em agradecimento pela misericórdia divina, pela abundância nas colheitas. Para proteção contra incêndios e enchentes).

1 A ti, ó Deus, confiança e louvor em Sião! E a ti se pagará
o voto.
2 Ó tu, que escutas a oração, a ti virão todos os homens,
3 por causa de suas iniquidades. Se prevalecem as nossas
transgressões, tu no-las perdoas.
4 Bem-aventurado aquele a quem escolhes e aproximas de
ti, para que assista nos teus átrios; ficaremos satisfeitos
com a bondade de tua casa - o teu santo templo.
5 Com tremendos feitos nos respondes em tua justiça, ó
Deus, Salvador nosso, esperança de todos os confins da
terra e dos mares longínquos;
6 que por tua força consolidas os montes, cingido de poder;
7 que aplacas o rugir dos mares, o ruído das suas ondas e o
tumulto das gentes.

8 Os que habitam nos confins da Terra temem os teus sinais;
os que vêm do Oriente e do Ocidente, tu os fazes exultar
de júbilo.
9 Tu visitas a terra e a regas; tu a enriqueces copiosamente;
os ribeiros de Deus são abundantes de água; preparas o
cereal, porque para isso a dispões,
10 regando-lhe os sulcos, aplanando-lhes as leivas. Tu a amo-
leces com chuviscos e lhe abençoas a produção.
11 Coroas o ano da tua bondade; as tuas pegadas destilam
fartura;
12 destilam sobre as pastagens do deserto, e de júbilo se reves-
tem os outeiros.
13 Os campos cobrem-se de rebanhos, e os vales vestem-se
de espigas; exultam de alegria e cantam.

66 Ofertas de gratidão

(Em agradecimento pela justiça e pela grandeza das bênçãos divinas):

1 Aclamai a Deus, toda a terra.
2 Salmodiai a glória do seu nome, dai glória ao seu louvor.
3 Dizei a Deus: Que tremendos são os teus feitos! Pela gran-
deza do teu poder, a ti se mostram submissos os teus ini-
migos.
4 Prostra-se toda a terra perante ti, canta salmos a ti; salmo-
dia o teu nome.
5 Vinde e vede as obras de Deus: tremendos feitos para com
os filhos dos homens!
6 Converteu o mar em terra seca; atravessaram o rio a pé; ali
nos alegramos nele.
7 Ele, em seu poder, governa eternamente; os seus olhos
vigiam as nações; não se exaltem os rebeldes.
8 Bendizei, ó povos, o nosso Deus; fazei ouvir a voz do seu
louvor;
9 o que preserva com vida a nossa alma e não permite que

nos resvalem os pés.
10 Pois tu, ó Deus, nos provaste; acrisolaste-nos como se
acrisola a prata.
11 Tu nos deixaste cair na armadilha; oprimiste as nossas
costas;
12 fizeste que os homens cavalgassem sobre a nossa cabeça;
passamos pelo fogo e pela água; porém, afinal, nos trou-
xeste para um lugar espaçoso.
13 Entrarei na tua casa com holocaustos; pagar-te-ei os meus
votos,
14 que proferiram os meus lábios, e que, no dia da angústia,
prometeu a minha boca.
15 Oferecer-te-ei holocaustos de vítimas cevadas, com aroma
de carneiros; imolarei novilhos com cabritos.
16 Vinde, ouvi, todos vós que temeis a Deus, e vos contarei
o que ele tem feito por minha alma.
17 A ele clamei com a boca, com a língua o exaltei.
18 Se eu no coração contemplara a vaidade, o SENHOR não
me teria ouvido.
19 Entretanto, Deus me tem ouvido e me tem atendido a voz
da oração.
20 Bendito seja Deus, que não me rejeita a oração, nem apar-
ta de mim a sua graça.

67 As nações rendem graças

(Para suplicar prosperidade, justiça e graça para todos os povos e nações).

1 Seja Deus gracioso para conosco, e nos abençoe, e faça
resplandecer sobre nós o rosto;
2 para que se conheça na terra o teu caminho e, em todas as
nações, a tua salvação.
3 Louvem-te os povos, ó Deus; louvem-te os povos todos.
4 Alegrem-se e exultem as gentes, pois julgas os povos com

equidade e guias na terra as nações.
5 Louvem-te os povos, ó Deus; louvem-te os povos todos.
6 A terra deu o seu fruto, e Deus, o nosso Deus, nos abençoa.
7 Abençoe-nos Deus, e todos os confins da terra o temerão.

68 A vitória de Deus sobre os seus inimigos

(Protege contra todas as ações maldosas. Contra a calúnia e o desespero. Para agradecer e renovar a fé em Deus).

1 Levanta-se Deus; dispersam-se os seus inimigos; de sua presença fogem os que o aborrecem.
2 Como se dissipa a fumaça, assim tu os dispersas; como se derrete a cera ante o fogo, assim à presença de Deus perecem os iníquos.
3 Os justos, porém, se regozijam, exultam na presença de Deus e folgam de alegria.
4 Cantai a Deus, salmodiai o seu nome; exaltai o que cavalga sobre as nuvens. SENHOR é o seu nome, exultai diante dele.
5 Pai dos órfãos e juiz das viúvas é Deus em sua santa morada.
6 Deus faz que o solitário more em família; tira os cativos para a prosperidade; só os rebeldes habitam em terra estéril.
7 Ao saíres, ó Deus, à frente do teu povo, ao avançares pelo deserto,
8 tremeu a terra; também os céus gotejaram à presença de Deus; o próprio Sinai se abalou na presença de Deus, do Deus de Israel.
9 Copiosa chuva derramaste, ó Deus, para a tua herança; quando já ela estava exausta, tu a restabeleceste.
10 Aí habitou a tua grei; em tua bondade, ó Deus, fizeste provisão para os necessitados.
11 O SENHOR deu a palavra, grande é a falange das men-

sageiras das boas-novas.
12 Reis de exércitos fogem e fogem; a dona de casa reparte os
despojos.
13 Por que repousais entre as cercas dos apriscos? As asas da
pomba são cobertas de prata, cujas penas maiores têm o
brilho flavo do ouro.
14 Quando o Todo-poderoso ali dispersa os reis, cai neve
sobre o monte Zalmom.
15 O monte de Deus é Basã, serra de elevações é o monte de
Basã.
16 Por que olhais com inveja, ó montes elevados, o monte que
Deus escolheu para sua habitação? O SENHOR habitará
nele para sempre.
17 Os carros de Deus são vinte mil, sim, milhares de milhares.
No meio deles, está o SENHOR; o Sinai tornou-se em
santuário.
18 Subiste às alturas, levaste cativo o cativeiro; recebeste
homens por dádivas, até mesmo rebeldes, para que o
SENHOR Deus habite no meio deles.
19 Bendito seja o SENHOR que, dia a dia, leva o nosso fardo!
Deus é a nossa salvação.
20 O nosso Deus é o Deus libertador; com Deus, o SENHOR,
está o escaparmos da morte.
21 Sim, Deus parte a cabeça dos seus inimigos e o cabeludo
crânio do que anda nos seus próprios delitos.
22 Disse o SENHOR: De Basã os farei voltar, fá-los-ei tornar
das profundezas do mar,
23 para que banhes o teu pé em sangue, e a língua dos teus
cães tenha o seu quinhão dos inimigos.
24 Viu-se, ó Deus, o teu cortejo, o cortejo do meu Deus, do
meu Rei, no santuário.
25 Os cantores iam adiante, atrás, os tocadores de instrumen-
tos de cordas, em meio às donzelas com adufes.
26 Bendizei a Deus nas congregações, bendizei ao SENHOR,

vós que sois da estirpe de Israel.
27 Ali está o mais novo, Benjamim, que os precede, os prín-
cipes de Judá, com o seu séquito, os príncipes de Zebulom
e os príncipes de Naftali.
28 Reúne, ó Deus, a tua força, força divina que usaste a nos-
so favor,
29 oriunda do teu templo em Jerusalém. Os reis te oferecerão
presentes.
30 Reprime a fera dos canaviais, a multidão dos fortes como
touros e dos povos com novilhos; calcai aos pés os que
cobiçam barras de prata. Dispersa os povos que se com-
prazem na guerra
31 Príncipes vêm do Egito; a Etiópia corre a estender mãos
cheias para Deus.
32 Reinos da terra, cantai a Deus, salmodiai ao SENHOR,
33 àquele que encima os céus, os céus da antiguidade; eis que
ele faz ouvir a sua voz, voz poderosa.
34 Tributai glória a Deus; a sua majestade está sobre Israel,
e a sua fortaleza, nos espaços siderais.
35 Ó Deus, tu és tremendo nos teus santuários; ó Deus de
Israel. Ele dá força e poder ao povo. Bendito seja Deus!

69 O lamento do Messias

(Protege contra a pobreza e a opressão. Ajuda a obter êxito nos empreendimentos).

1 Salva-me, ó Deus, porque as águas me sobem até a alma.
2 Estou atolado em profundo lamaçal, que não dá pé; estou
nas profundezas das águas, e a corrente me submerge.
3 Estou cansado de clamar, secou-se-me a garganta; os meus
olhos desfalecem de tanto esperar por meu Deus.
4 São mais que os cabelos de minha cabeça os que, sem razão,
me odeiam; são poderosos os meus destruidores, os que
com falsos motivos são meus inimigos; por isso, tenho de

restituir o que não furtei.
5 Tu, ó Deus, bem conheces a minha estultice, e as minhas
culpas não te são ocultas.
6 Não sejam envergonhados por minha causa os que esperam
em ti, ó SENHOR, Deus dos Exércitos; nem por minha
causa sofram vexame os que te buscam, ó Deus de Israel.
7 Pois tenho suportado afrontas por amor de ti, e o rosto se
me encobre de vexame.
8 Tornei-me estranho a meus irmãos e desconhecido aos
filhos de minha mãe.
9 Pois o zelo da tua casa me consumiu, e as injúrias dos que
te ultrajam caem sobre mim.
10 Chorei, em jejum está a minha alma e isso mesmo se me
tornou em afrontas.
11 Pus um pano de saco por veste e me tornei objeto de escár-
nio para eles.
12 Tagarelam sobre mim os que à porta se assentam e sou
motivo para cantigas de beberrões.
13 Quanto a mim, porém, SENHOR, faço a ti, em tempo
favorável, a minha oração. Responde-me, ó Deus, pela
riqueza da tua graça; pela tua fidelidade em socorrer,
14 livra-me do tremedal, para que não me afunde; seja eu
salvo dos que me odeiam e das profundezas das águas.
15 Não me arraste a corrente das águas, nem me trague a
voragem, nem se feche sobre mim a boca do poço.
16 Responde-me, SENHOR, pois compassiva é a tua graça;
volta-te para mim segundo a riqueza das tuas misericór-
dias.
17 Não escondas o rosto ao teu servo, pois estou atribulado;
responde-me depressa.
18 Aproxima-te de minha alma e redime-a; resgata-me por
causa dos meus inimigos.
19 Tu conheces a minha afronta, a minha vergonha e o meu
vexame; todos os meus adversários estão à tua vista.

20 O opróbrio partiu-me o coração, e desfaleci; esperei por
piedade, mas debalde; por consoladores e não os achei.
21 Por alimento me deram fel e na minha sede me deram a
beber vinagre.
22 Sua mesa torne-se-lhes diante deles em laço, e a prosperi-
dade, em armadilha.
23 Obscureçam-se-lhes os olhos, para que não vejam; e faze
que sempre lhes vacile o dorso.
24 Derrama sobre eles a tua indignação, e que o ardor da tua
ira os alcance.
25 Fique deserta a sua morada, e não haja quem habite as suas
tendas,
26 pois perseguem a quem tu feriste e acrescentam dores
àquele a quem golpeaste.
27 Soma-lhes iniquidade à iniquidade, e não gozem da tua
absolvição.
28 Sejam riscados do livro dos vivos e não tenham registro
com os justos.
29 Quanto a mim, porém, amargurado e aflito, ponha-me o
teu socorro, ó Deus, em alto refúgio.
30 Louvarei com cânticos o nome de Deus, exaltá-lo-ei com
ações de graças.
31 Será isso muito mais agradável ao SENHOR do que um
boi ou um novilho com chifres e unhas.
32 Vejam isso os aflitos e se alegrem; quanto a vós outros que
buscais a Deus, que o vosso coração reviva.
33 Porque o SENHOR responde aos necessitados e não des-
preza os seus prisioneiros.
34 Louvem-no os céus e a terra, os mares e tudo quanto neles
se move.
35 Porque Deus salvará Sião e edificará as cidades de Judá, e
ali habitarão e hão de possuí-las.
36 Também a descendência dos seus servos a herdará, e os
que lhe amam o nome nela habitarão.

70 Petição por auxílio divino

(Auxilia nas enfermidades. Afasta as ações maléficas).

1 Praza-te, ó Deus, em livrar-me; dá-te pressa, ó SENHOR, em socorrer-me.

2 Sejam envergonhados e cobertos de vexame os que me demandam a vida; tornem atrás e cubram-se de ignomínia os que se comprazem no meu mal.

3 Retrocedam por causa da sua ignomínia os que dizem: Bem-feito! Bem-feito!

4 Folguem e em ti se rejubilem todos os que te buscam; e os que amam a tua salvação digam sempre: Deus seja magnificado!

5 Eu sou pobre e necessitado; ó Deus, apressa-te em valer-me, pois tu és o meu amparo e o meu libertador. SENHOR, não te detenhas!

71 Súplicas de um ancião

(Ajuda no fortalecimento das forças físicas e psíquicas, na velhice. Protege contra a maldade, o abandono e a injustiça).

1 Em ti SENHOR, me refugio; não seja eu jamais envergonhado.

2 Livra-me por tua justiça e resgata-me; inclina-me os teus ouvidos e salva-me.

3 Sê tu para mim uma rocha habitável em que sempre me acolha; ordenaste que eu me salve, pois tu és a minha rocha e a minha fortaleza.

4 Livra-me, Deus meu, das mãos do ímpio, das garras do homem injusto e cruel.

5 Pois tu és a minha esperança, SENHOR Deus, a minha confiança desde a minha mocidade.

6 Em ti me tenho apoiado desde o meu nascimento; do ventre materno tu me tiraste, tu és motivo para meus louvores constantemente.

7 Para muitos sou como um portento, mas tu és o meu forte refúgio.
8 Os meus lábios estão cheios do teu louvor e da tua glória continuamente.
9 Não me rejeites na minha velhice; quando me faltarem as forças, não me desampares.
10 Pois falam contra mim os meus inimigos; e os que me espreitam a alma consultam reunidos,
11 dizendo: Deus o desamparou; persegui-o e prendei-o, pois não há quem o livre.
12 Não te ausentes de mim, ó Deus; Deus meu, apressa-te em socorre-me.
13 Sejam envergonhados e consumidos os que são adversários de minha alma; cubram-se de opróbrio e de vexame os que procuram o mal contra mim.
14 Quanto a mim, esperarei sempre e te louvarei mais e mais.
15 A minha boca relatará a tua justiça e de contínuo os feitos da tua salvação, ainda que eu não saiba o seu número.
16 Sinto-me na força do SENHOR Deus; e rememoro a tua justiça, a tua somente.
17 Tu me tens ensinado, ó Deus, desde a minha mocidade; e até agora tenho anunciado as tuas maravilhas.
18 Não me desampares, pois, ó Deus, até à minha velhice e às cãs; até que eu tenha declarado à presente geração a tua força e às vindouras o teu poder.
19 Ora, a tua justiça, ó Deus, se eleva até os céus. Grandes cousas tens feito, ó Deus; quem é semelhante a ti?
20 Tu, que me tens feito ver muitas angústias e males, me restaurarás ainda a vida e de novo me tirarás dos abismos da terra.
21 Aumenta a minha grandeza, conforta-me novamente.
22 Eu também te louvo com a lira, celebro a tua verdade, ó meu Deus; cantar-te-ei salmos com harpa, ó Santo de Israel.
23 Os meus lábios exultarão quando eu te salmodiar; também

exultará a minha alma, que remiste.
24 Igualmente a minha língua celebrará a tua justiça todo o dia; pois estão envergonhados e confundidos os que procuram o mal contra mim.

72 O rei justo e o seu reinado eterno

(Atrai harmonia, paz, justiça aos povos. Conforta os oprimidos. Atrai abundância no cultivo de plantas e cereais).

1 Concede ao rei, ó Deus, os teus juízos e a tua justiça, ao filho do rei.
2 Julgue ele com justiça o teu povo e os teus aflitos, com equidade.
3 Os montes trarão paz ao povo, também as colinas a trarão, com justiça.
4 Julgue ele os aflitos do povo, salve os filhos dos necessitados e esmague ao opressor.
5 Ele permanecerá enquanto existir o sol através das gerações.
6 Seja ele como chuva que desce sobre a campina ceifada, como aguaceiros que regam a terra.
7 Floresça em seus dias o justo, e haja abundância de paz até que cesse de haver lua.
8 Domine ele de mar a mar e desde o rio até aos confins da terra.
9 Curvem-se diante dele os habitantes do deserto, e os seus inimigos lambam o pó.
10 Paguem-lhe tributos os reis de Társis e das ilhas; os reis de Sabá e de Sebá lhe ofereçam presentes.
11 E todos os reis se prostrem perante ele; todas as nações o sirvam.
12 Porque ele acode ao necessitado que clama e também ao aflito e ao desvalido.
13 Ele tem piedade do fraco e do necessitado e salva a alma aos indigentes.

14 Redime a sua alma da opressão e da violência, e precioso lhe é o sangue deles.
15 Viverá, e se lhe dará do ouro de Sabá; e continuamente se fará por ele oração, e o bendirão todos os dias.
16 Haja na terra abundância de cereais, que ondulem até aos cumes dos montes; seja a sua messe como o Líbano, e das cidades floresçam os habitantes como a erva da terra.
17 Subsista para sempre o seu nome e prospere enquanto resplandecer o sol; nele sejam abençoados todos os homens, e as nações lhe chamem bem-aventurado.
18 Bendito seja o SENHOR Deus; o Deus de Israel, que só ele opera prodígios.
19 Bendito para sempre o seu gloriosos nome, e da sua glória se encha toda a terra. Amém e Amém!
20 Findam as orações de Davi, filho de Jessé.

73 O problema da prosperidade dos maus

(Renova o sentimento de fé. Traz encorajamento para a prática do bem. Combate a inveja e as ações desonestas).

1 Com efeito, Deus é bom para com Israel, para com os de coração limpo.
2 Quanto a mim, porém, quase me resvalaram os pés; pouco faltou que se desviassem os meus passos.
3 Pois eu invejava os arrogantes, ao ver a prosperidade dos perversos.
4 Para eles não há preocupações, o seu corpo é sadio e nédio.
5 Não partilham das canseiras dos mortais, nem são afligidos como os outros homens.
6 Daí, a soberba que os cinge como um colar, e a violência que os envolve como manto.
7 Os olhos saltam-lhes da gordura; do coração brotam-lhes fantasias.
8 Motejam e falam maliciosamente; da opressão falam com

altivez.
9 Contra os céus desandam a boca, e a sua língua percorre a
terra.
10 Por isso, o seu povo se volta para eles e os tem por fonte
de que bebe a largos sorvos.
11 E diz: Como sabe Deus? Acaso, há conhecimento no Altís-
simo?
12 Eis que são estes os ímpios; e, sempre tranquilos, aumen-
tam suas riquezas.
13 Com efeito, inutilmente conservei puro o coração e lavei
as mãos na inocência.
14 Pois de contínuo sou afligido e cada manhã, castigado.
15 Se eu pensara em falar tais palavras, já aí teria traído a
geração de teus filhos.
16 Em só refletir para compreender isso, achei muito pesada
a tarefa para mim;
17 até que entrei no santuário de Deus e atinei com o fim
deles.
18 Tu certamente os pões em lugares escorregadios e os fazes
cair na destruição.
19 Como ficam de súbito assolados, totalmente aniquilados
de terror!
20 Como ao sonho, quando se acorda, assim, ó SENHOR,
ao despertares, desprezarás a imagem deles.
21 Quando o coração se me amargou e as entranhas se me
comoveram,
22 eu estava embrutecido e ignorante; era como um irracional
à tua presença.
23 Todavia, estou sempre contigo, tu me seguras pela minha
mão direita.
24 Tu me guias com o teu conselho e depois me recebes na
glória.
25 Quem mais tenho eu no céu? Não há outro em quem eu
me compraza na terra.

26 Ainda que a minha carne e o meu coração desfaleçam, Deus é a fortaleza do meu coração e a minha herança para sempre.
27 Os que se afastam de ti, eis que perecem; tu destróis todos os que são infiéis para contigo.
28 Quanto a mim, bom é estar junto a Deus; no SENHOR Deus ponho o meu refúgio, para proclamar todos os seus feitos.

74 Lamento por causa da profanação

(Auxilia na obtenção de sucesso nas demandas judiciais. Traz reconforto ao coração dos aflitos ou oprimidos).

1 Por que nos rejeitas, ó Deus, para sempre? Por que se acende a tua ira contra as ovelhas do teu pasto?
2 Lembra-te da tua congregação, que adquiriste desde a antiguidade, que remiste para ser a tribo da tua herança; lembra-te do monte Sião, no qual tens habitado.
3 Dirige os teus passos para as perpétuas ruínas, tudo quanto de mal tem feito o inimigo no santuário.
4 Os teus adversários bramam no lugar das assembleias e alteiam os seus próprios símbolos.
5 Parecem-se com os que brandem machado no espesso da floresta,
6 e agora a todos esses lavores de entalhe quebram também, com machados e martelos.
7 Deitam fogo ao teu santuário; profanam, arrasando-o até ao chão, a morada do teu nome.
8 Disseram no seu coração: Acabemos com eles de uma vez. Queimaram todos os lugares santos de Deus na terra.
9 Já não vemos os nossos símbolos; já não há profeta; nem, entre nós, quem saiba até quando.
10 Até quando, ó Deus, o adversário nos afrontará? Acaso, blasfemará o inimigo incessantemente o teu nome?

11 Por que retrais a mão, sim, a tua destra, e a conservas no teu seio?
12 Ora, Deus, meu rei, é desde a antiguidade; ele é quem opera feitos salvadores no meio da terra.
13 Tu, com o teu poder, dividiste o mar; esmagaste sobre as águas a cabeça dos monstros marinhos.
14 Tu espedaçaste as cabeças do crocodilo e o deste por alimento às alimárias do deserto.
15 Tu abriste fontes e ribeiros; secaste rios caudalosos.
16 Teu é o dia; tua, também, a noite; a luz e o sol, tu os formaste.
17 Fixaste os confins da terra; verão e inverno, tu os fizeste.
18 Lembra-te disto: O inimigo tem ultrajado ao SENHOR, e um povo insensato tem blasfemado o teu nome.
19 Não entregues à rapina a vida de tua rola, nem te esqueças perpetuamente da vida dos teus aflitos.
20 Considera a tua aliança, pois os lugares tenebrosos da terra estão cheios de moradas de violência.
21 Não fique envergonhado o oprimido; louvem o teu nome o aflito e o necessitado.
22 Levanta-te, ó Deus, pleiteia a tua própria causa; lembra-te de como o ímpio te afronta todos os dias.
23 Não te esqueças da gritaria dos teus inimigos, do sempre crescente tumulto dos teus adversários.

75 Deus é juiz

(Para combater as guerras e atrair a justiça e a paz).

1 Graças te rendemos, ó Deus; graças te rendemos, e invocamos o teu nome, e declaramos as tuas maravilhas.
2 Pois disseste: Hei de aproveitar o tempo determinado; hei de julgar retamente.
3 Vacilem a terra e todos os seus moradores, ainda assim eu firmarei as suas colunas.

4 Digo aos soberbos: não sejais arrogantes; e aos ímpios: não levanteis a vossa força.
5 Não levanteis altivamente a vossa força, nem faleis com insolência contra a Rocha.
6 Porque não é do Oriente, não é do Ocidente, nem do deserto que vem o auxílio.
7 Deus é o juiz; a um abate, a outro exalta.
8 Porque na mão do SENHOR há um cálice cujo vinho espuma, cheio de mistura; dele dá a beber; sorvem-no, até às escórias, todos os ímpios da terra.
9 Quanto a mim, exultarei para sempre; salmodiarei louvores ao Deus de Jacó.
10 Abaterei as forças dos ímpios; mas a força dos justos será exaltada.

76 A majestade e o poder de Deus

(Em reconhecimento à grandeza do Criador e para renovar a fé em sua justiça e sabedoria).

1 Conhecido é Deus em Judá; grande, o seu nome em Israel.
2 Em Salém, está o seu tabernáculo, e, em Sião, a sua morada.
3 Ali, despedaçou ele os relâmpagos do arco, o escudo, a espada e a batalha.
4 Tu és ilustre e mais glorioso do que os montes eternos.
5 Despojados foram os de ânimo forte; jazem a dormir o seu sono, e nenhum dos valentes pode valer-se das próprias mãos.
6 Ante a tua repreensão, ó Deus de Jacó, paralisaram carros e cavalos.
7 Tu, sim, tu és terrível; se te iras, quem pode subsistir à tua vista?
8 Desde os céus fizeste ouvir o teu juízo; tremeu a terra e se aquietou,

9 ao levantar-se Deus para julgar e salvar todos os humildes
da terra.
10 Pois até a ira humana há de louvar-te; e do resíduo das iras
te cinges.
11 Fazei votos e pagai-os ao SENHOR, vosso Deus; tragam
presentes todos os que o rodeiam, àquele que deve ser
temido.
12 Ele quebranta o orgulho dos príncipes; é tremendo aos reis
da terra.

77 As grandes obras e a misericórdia deDeus

(Auxilia a combater as perturbações da alma, a falta de fé. Traz encorajamento para evitar os excessos ou vícios que prejudicam o organismo).

1 Elevo a Deus a minha voz e clamo, elevo a Deus a minha
voz, para que me atenda.
2 No dia da minha angústia, procuro o SENHOR; erguem-
-se as minhas mãos durante a noite e não se cansam; a
minha alma recusa consolar-se.
3 Lembro-me de Deus e passo a gemer; medito, e me des-
falece o espírito.
4 Não me deixas pregar os olhos; tão perturbado estou, que
nem posso falar.
5 Penso nos dias de outrora, trago à lembrança os anos de
passados tempos.
6 De noite indago o meu íntimo, e o meu espírito perscruta.
7 Rejeita o SENHOR para sempre? Acaso, não torna a ser
propício?
8 Cessou perpetuamente a sua graça? Caducou a sua pro-
messa para todas as gerações?
9 Esqueceu-se Deus de ser benigno? Ou, na sua ira, terá ele
reprimido as suas misericórdias?
10 Então, disse eu: isto é a minha aflição; mudou-se a destra

do Altíssimo.
11 Recordo os feitos do SENHOR, pois me lembro das tuas
maravilhas da antiguidade.
12 Considero também nas tuas obras todas e cogito dos teus
prodígios.
13 O teu caminho, ó Deus, é de santidade. Que Deus é tão
grande como o nosso Deus?
14 Tu és o Deus que operas maravilhas e, entre os povos, tens
feito notório o teu poder.
15 Com o teu braço remiste o teu povo, os filhos de Jacó e de
José.
16 Viram-te as águas, ó Deus; as águas te viram e tremeram,
até os abismos se abalaram.
17 Grossas nuvens se desfizeram em água; houve trovões nos
espaços; também as suas setas cruzaram de uma parte para
outra.
18 O ribombar do teu trovão ecoou na redondeza; os relâm-
pagos alumiaram o mundo; a terra se abalou e tremeu.
19 Pelo mar foi o teu caminho; as tuas veredas, pelas grandes
águas; e não se descobrem os teus vestígios.
20 O teu povo, tu o conduziste, como rebanho, pelas mãos
de Moisés e de Arão.

78 A providência divina na história do seu povo

(Auxilia no restabelecimento da paz. Ajuda a desfazer a hostilidade entre as pessoas).

1 Escutai, povo meu, a minha lei; prestai ouvidos às palavras
da minha boca.
2 Abrirei os lábios em parábolas e publicarei enigmas dos
tempos antigos.
3 O que ouvimos e aprendemos, o que nos contaram nossos
pais,
4 não o encobriremos a seus filhos; contaremos à vindoura

geração os louvores do SENHOR, e o seu poder, e as mara-
vilhas que fez.
5 Ele estabeleceu um testemunho em Jacó, e ordenou a nos-
sos pais que os transmitissem a seus filhos,
6 a fim de que a nova geração os conhecesse, filhos que ain-
da hão de nascer se levantassem e por sua vez os referissem
aos seus descendentes;
7 para que pusessem em Deus a sua confiança e não se esque-
cessem dos feitos de Deus, mas lhe observassem os man-
damentos;
8 e que não fossem, como seus pais, geração obstinada e
rebelde, geração de coração inconstante, e cujo espírito não
foi fiel a Deus.
9 Os filhos de Efraim, embora armados de arco, bateram
em retirada no dia do combate.
10 Não guardaram a aliança de Deus, não quiseram andar na
sua lei;
11 esqueceram-se das suas obras e das maravilhas que lhes
mostrara.
12 Prodígios fez na presença de seus pais na terra do Egito,
no campo de Zoã.
13 Dividiu o mar e fê-los seguir; aprumou as águas como um
drinque.
14 Guiou-os de dia com uma nuvem e durante a noite com
um clarão de fogo.
15 No deserto, fendeu rochas e lhes deu a beber abundante-
mente como de abismos.
16 Da pedra fez brotar torrentes, fez manar água como rios.
17 Mas, ainda assim, prosseguiram em pecar contra ele e se
rebelaram, no deserto, contra o Altíssimo.
18 Tentaram a Deus no seu coração, pedindo alimento que
lhes fosse do gosto.
19 Falaram contra Deus, dizendo: Pode, acaso, Deus prepa-
rar-nos mesa no deserto?

20 Com efeito, feriu ele a rocha, e dela manaram águas, trans-
bordaram caudais. Pode ele dar-nos pão também? Ou
fornecer carne para o seu povo?
21 Ouvindo isto, o SENHOR ficou indignado; acendeu-se
fogo contra Jacó, e também se levantou o seu furor contra
Israel;
22 porque não creram em Deus, nem confiaram na sua sal-
vação.
23 Nada obstante, ordenou às alturas e abriu as portas dos
céus;
24 fez chover maná sobre eles, para alimentá-los, e lhes deu
cereal do céu.
25 Comeu cada qual o pão dos anjos; enviou-lhes ele comida
a fartar.
26 Fez soprar no céu o vento do Oriente e pelo seu poder
conduziu o vento do Sul.
27 Também fez chover sobre eles carne como poeira e voláteis
como areia dos mares.
28 Fê-los cair no meio do arraial deles, ao redor de suas tendas.
29 Então, comeram e se fartaram a valer; pois lhes fez o que
desejavam.
30 Porém não reprimiram o apetite. Tinham ainda na boca o
alimento,
31 quando se elevou contra eles a ira de Deus, e entre os seus
mais robustos semeou a morte, e prostrou os jovens de
Israel.
32 Sem embargo disso, continuaram a pecar e não creram nas
suas maravilhas.
33 Por isso, ele fez que os seus dias se dissipassem num sopro
e os seus anos, em súbito terror.
34 Quando os fazia morrer, então, o buscavam; arrependidos,
procuravam a Deus.
35 Lembravam-se de que Deus era a sua rocha e o Deus
Altíssimo, o seu redentor.

36 Lisonjeavam-no, porém de boca, e com a língua lhe men-
tiam.
37 Porque o coração deles não era firme para com ele, nem
foram fiéis à sua aliança.
38 Ele, porém, que é misericordioso, perdoa a iniquidade e
não destrói; antes, muitas vezes desvia a sua ira e não dá
largas a toda indignação.
39 Lembra-se de que eles são carne, vento que passa e já não
volta.
40 Quantas vezes se rebelaram contra ele no deserto e na
solidão o provocaram!
41 Tornaram a tentar a Deus, agravaram o santo de Israel.
42 Não se lembraram do poder dele, nem do dia em que os
resgatou do adversário;
43 de como no Egito operou ele os seus sinais e os seus pro-
dígios, no campo de Zoã;
44 e converteu em sangue os rios deles, para que das suas
correntes não bebessem.
45 Enviou contra eles enxames de moscas que os devorassem
e rãs que os destruíssem.
46 Entregou às larvas as suas colheitas e aos gafanhotos, o
fruto do seu trabalho.
47 Com chuvas de pedra lhes destruiu as vinhas e os seus
sicômoros, com geada.
48 Entregou à saraiva o gado deles e aos raios, os seus reba-
nhos.
49 Lançou contra eles o furor da sua ira: cólera, indignação e
calamidade, legião de anjos portadores de males.
50 Deu livre curso à sua ira; não poupou da morte a alma
deles, mas entregou-lhes a vida à pestilência.
51 Feriu todos os primogênitos no Egito, as primícias da viri-
lidade nas tendas de Cam.
52 Fez sair o seu povo como ovelhas e o guiou pelo deserto,
como um rebanho.

53 Dirigiu-o com segurança, e não temeram, ao passo que o
mar submergiu os seus inimigos.
54 Levou-os até à sua terra santa, até ao monte que sua destra
adquiriu.
55 Da presença deles expulsou as nações, cuja região repartiu
com eles por herança; e nas suas tendas fez habitar as tribos
de Israel.
56 Ainda assim, tentaram o Deus Altíssimo, e a ele resistiram,
e não lhe guardaram os testemunhos.
57 Tornaram atrás e se portaram aleivosamente como seus
pais; desviaram-se como um arco enganoso.
58 pois o provocaram com os seus atos e o incitaram a zelos
com as suas imagens de escultura.
59 Deus ouviu isso, e se indignou, e sobremodo se aborreceu
de Israel.
60 Por isso, abandonou o tabernáculo de Silo, a tenda de sua
morada entre os homens,
61 e passou a arca da sua força ao cativeiro, e a sua glória, à
mão do adversário.
62 Entregou o seu povo à espada e se encolerizou contra a sua
própria herança.
63 O fogo devorou os jovens deles, e as suas donzelas não
tiveram canto nupcial.
64 Os seus sacerdotes caíram à espada, e as suas viúvas não
fizeram lamentações.
65 Então, o SENHOR despertou como de um sono, como
um valente que grita excitado pelo vinho;
66 fez recuar a golpes os seus adversários e lhes cominou per-
pétuo desprezo.
67 Além disso, rejeitou a tenda de José e não elegeu a tribo
de Efraim.
68 Escolheu, antes, a tribo de Judá, o monte de Sião, que ele
amava.
69 E construiu o seu santuário durável como os céus e firme

como a terra que fundou para sempre.
70 Também escolheu a Davi, seu servo, e o tomou dos redis
das ovelhas,
71 tirou-o do cuidado das ovelhas; e suas crias, para ser o
pastor de Jacó, seu povo, e de Israel, sua herança.
72 E ele os apascentou consoante a integridade do seu coração
e os dirigiu com mãos precavidas.

79 O povo pede castigo contra os inimigos

(Para pedir o perdão e a misericórdia divina para os erros cometidos).

1 Ó Deus, as nações invadiram a tua herança, profanaram
o teu santo templo, reduziram Jerusalém a um montão de
ruínas.
2 Deram os cadáveres dos teus servos por cibo às aves dos
céus e a carne dos teus santos, às feras da terra.
3 Derramaram como água o sangue deles ao redor de Jerusalém, e não houve quem lhes desse sepultura.
4 Tornamo-nos o opróbrio dos nossos vizinhos, o escárnio
e a zombaria dos que nos rodeiam.
5 Até quando, SENHOR? Será para sempre a tua ira? Arderá como fogo o teu zelo?
6 Derrama o teu furor sobre as nações que te não conhecem
e sobre os reinos que não invocam o teu nome.
7 Porque eles devoraram a Jacó e lhe assolaram as moradas.
8 Não recordes contra nós as iniquidades de nossos pais;
apressem-se ao nosso encontro as tuas misericórdias, pois
estamos sobremodo abatidos.
9 Assiste-nos, ó Deus e Salvador nosso, pela glória do teu
nome; livra-nos e perdoa-nos os pecados por amor do teu
nome.
10 Por que diriam as nações: Onde está o seu Deus? Seja, à
nossa vista, manifesta entre as nações a vingança do sangue
que dos teus servos é derramado.

11 Chegue à tua presença o gemido do cativo; consoante a
grandeza do teu poder, preserva os sentenciados à morte.
12 Retribui, SENHOR, aos nossos vizinhos, sete vezes tan-
to, o opróbrio com que te vituperaram.
13 Quanto a nós, teu povo e ovelhas do teu pasto, para sem-
pre te daremos graças; de geração em geração proclama-
remos os teus louvores.

80 Pedindo restaurações

(Favorece os dons artísticos. Restabelece a harmonia interior. Alivia os sofrimentos físicos e espirituais).

1 Dá ouvidos, ó pastor de Israel, tu que conduzes a José como
um rebanho; tu que estás entronizado acima dos querubins,
mostra o teu esplendor.
2 Perante Efraim, Benjamim e Manasses, desperta o teu
poder e vem salvar-nos.
3 Restaura-nos, ó Deus, faze resplandecer o teu rosto, e
seremos salvos.
4 Ó SENHOR, Deus dos Exércitos, até quando estarás
indignado contra a oração do teu povo?
5 Dás-lhe a comer pão de lágrimas e a beber copioso pranto.
6 Constituis-nos em contendas para os nossos vizinhos, e os
nossos inimigos zombam de nós a valer.
7 Restaura-nos, ó Deus dos Exércitos, faze resplandecer o
teu rosto, e seremos salvos.
8 Trouxeste uma videira do Egito, expulsaste as nações e a
plantaste.
9 Dispuseste-lhe o terreno, ela deitou profundas raízes e
encheu a terra.
10 Com a sombra dela os montes se cobriram, e, com os seus
sarmentos, os cedros de Deus.
11 Estendeu ela a sua ramagem até ao mar e os seus rebentos,
até ao rio.

12 Por que lhe derribaste as cercas, de sorte que a vindimam
todos os que passam pelo caminho?
13 O javali da selva a devasta, e nela se repastam os animais
que pululam no campo.
14 Ó Deus dos Exércitos, volta-te, nós te rogamos, olha do
céu, e vê, e visita esta vinha;
15 protege o que a tua mão direita plantou, o sarmento que
para ti fortaleceste.
16 Está queimada, está decepada. Pereçam os nossos inimigos
pela repreensão do teu rosto.
17 Seja a tua mão sobre o povo da tua destra, sobre o filho do
homem que fortaleceste para ti.
18 E assim não nos apartaremos de ti; vivifica-nos, e invoca-
remos o teu nome.
19 Restaura-nos, ó SENHOR, Deus dos Exércitos, faze res-
plandecer o teu rosto e seremos salvos.

81 Exortação a louvor e obediência

(Protege os desamparados e renova as forças dos homens de bem).

1 Cantai de júbilo a Deus, força nossa; celebrai o Deus de
Jacó.
2 Salmodiai e fazei soar o tamboril, a suave harpa com o
saltério.
3 Tocai a trombeta na Festa da Lua Nova, na lua cheia, dia
da nossa festa.
4 É preceito para Israel, é prescrição do Deus de Jacó.
5 Ele o ordenou, como lei, a José, ao sair contra a terra do
Egito. Ouço uma linguagem que eu não conhecera.
6 Livrei os seus ombros do peso, e suas mãos foram livres
dos cestos.
7 Clamaste na angústia, e te livrei; do recôndito do trovão
eu te respondi, e te experimentei junto às águas de Meribá.
8 Ouve, povo meu, quero exortar-te. Ó Israel, se me escu-

tasses!
9 Não haja no meio de ti deus alheio, nem te prostres ante
deus estranho.
10 Eu sou o SENHOR, teu Deus, que te tirei do Egito. Abre
bem a tua boca, e ta encherei,
11 mas o meu povo não me quis escutar a voz, e Israel não me
atendeu.
12 Assim, deixei-o andar na teimosia do seu coração; siga os
seus próprios conselhos.
13 Ah! Se o meu povo me escutasse, se Israel andasse nos
meus caminhos!
14 Eu, de pronto, lhe abateria o inimigo e deitaria mão contra
os seus adversários.
15 Os que aborrecem ao SENHOR se lhe submeteriam e isto
duraria para sempre.
16 Eu o sustentaria com o trigo mais fino e o saciaria com o
mel que escorre da rocha.

82 Increpadas a injustiça e a parcialidade dos juízes

(Protege os órfãos e oprimidos. Favorece a vitória contra as injustiças).

1 Deus assiste na congregação divina; no meio dos deuses,
estabelece o seu julgamento.
2 Até quando julgareis injustamente e tomareis partido pela
causa dos ímpios?
3 Fazei justiça ao fraco e ao órfão, procedei retamente para
com o aflito e o desamparado.
4 Socorrei o fraco e o necessitado; tirai-os das mãos dos
ímpios.
5 Eles nada sabem, nem entendem; vagueiam em trevas;
vacilam todos os fundamentos da terra.
6 Eu disse: sois deuses; sois todos filhos do Altíssimo.

7 Todavia, como homens, morrereis e, como qualquer dos
príncipes, haveis de sucumbir.
8 Levante-te, ó Deus, julga a terra, pois a ti compete a heran-
ça de todas as nações.

83 Julgamento de Deus contra as nações inimigas

(Incentiva à prática da humildade e renova a fé no poder e misericórdia do Criador).

1 Ó Deus, não te cales; não te emudeças, nem fiques inativo,
ó Deus!
2 Os teus inimigos se alvoroçam, e os que te odeiam levan-
tam a cabeça.
3 Tramam astutamente contra o teu povo e conspiram con-
tra os teus protegidos.
4 Dizem: Vinde, risquemo-los de entre as nações; e não haja
mais memória do nome de Israel.
5 Pois tramam concordemente e firmam aliança contra ti
6 as tendas de Edom e os ismaelitas, Moabe e os hagarenos,
7 Gebal, Amom e Amaleque, a Filístia como os habitantes
de Tiro;
8 também a Assíria se alia com eles, e se constituem braço
forte aos filhos de Ló.
9 Faze-lhes como fizeste a Midiã, como a Sísera, como a
Jabim na ribeira de Quisom;
10 os quais pereceram em En-Dor; tornaram-se adubo para
a terra.
11 Sejam os teus nobres como Orebe e como Zeebe, e os seus
príncipes, como Zeba e como Zalmuna,
12 que disseram: Apoderemo-nos das habitações de Deus.
13 Deus meu, faze-os como folhas impelidas por um remoi-
nho, como a palha ao léu do vento.
14 Como o fogo devora um bosque, e a chama abrasa os mon-

tes,
15 assim, persegue-os com a tua tempestade e amedronta-os com o teu vendaval.
16 Enche-lhes o rosto de ignomínia, para que busquem o teu nome, SENHOR.
17 Sejam envergonhados e confundidos perpetuamente; perturbem-se e pereçam.
18 E reconhecerão que só tu, cujo nome é SENHOR, és o Altíssimo sobre toda a terra.

84 Saudades do templo

(Em reconhecimento à magnanimidade de Deus. Atrai inspiração e boas energias).

1 Quão amáveis são os teus tabernáculos, SENHOR dos Exércitos!
2 A minha alma suspira e desfalece pelos átrios do SENHOR; o meu coração e a minha carne exultam pelo Deus vivo!
3 O pardal encontrou casa, e a andorinha, ninho para si, onde acolha os seus filhotes; eu, os teus altares, SENHOR dos Exércitos, Rei meu e Deus meu!
4 Bem-aventurados os que habitam em tua casa; louvam-te perpetuamente.
5 Bem-aventurado o homem cuja a força está em ti, em cujo coração se encontram os caminhos aplanados,
6 o qual, passando pelo vale árido, faz dele um manancial; de bênçãos o cobre a primeira chuva.
7 Vão indo de força em força; cada um deles aparece diante de Deus em Sião.
8 SENHOR, Deus dos Exércitos, escuta-me a oração, presta ouvidos, ó Deus de Jacó!
9 Olha, ó Deus, escudo nosso, e contempla o rosto do teu ungido.
10 Pois um dia nos teus átrios vale mais que mil; prefiro estar

à porta da casa do meu Deus, a permanecer nas tendas da perversidade.

11 Porque o SENHOR Deus é o sol e escudo; o SENHOR dá graça e glória; nenhum bem sonega aos que andam retamente.

12 Ó SENHOR dos Exércitos, feliz o homem que em ti confia.

85 Pede-se o perdão de Deus

(Favorece o aprimoramento espiritual. Para suplicar paz, justiça e prosperidade na Terra).

1 Favoreceste, SENHOR, a tua terra; restauraste a prosperidade de Jacó.

2 Perdoaste a iniquidade de teu povo, encobriste os seus pecados todos.

3 A tua indignação, reprimiste-a toda, do furor da tua ira te desviaste.

4 Restabelece-nos, ó Deus da nossa salvação, e retira de sobre nós a tua ira.

5 Estarás para sempre irado contra nós? Prolongarás a tua ira por todas as gerações?

6 Porventura, não tornarás a vivificar-nos, para que em ti se regozije o teu povo?

7 Mostra-nos, SENHOR, a tua misericórdia e concede-nos a tua salvação.

8 Escutarei o que Deus, o SENHOR, disser, pois falará de paz ao seu povo e aos seus santos; e que jamais caiam em insensatez.

9 Próxima está a sua salvação dos que o temem, para que a glória assista em nossa terra.

10 Encontraram-se a graça e a verdade, a justiça e a paz se beijaram.

11 Da terra brota a verdade, dos céus a justiça baixa o seu

olhar.
12 Também o SENHOR dará o que é bom, e a nossa terra
produzirá o seu fruto.
13 A justiça irá adiante dele, cujas pegadas ela transforma em
caminhos.

86 Súplica e confiança

(Afasta os sentimentos de angústia e renova as forças físicas e espirituais. Favorece a vitória da verdade).

1 Inclina, SENHOR, os ouvidos e responde-me, pois estou
aflito e necessitado.
2 Preserva-me a minha alma, pois eu sou piedoso; tu, ó Deus
meu, salva o teu servo que em ti confia.
3 Compadece-te de mim, ó SENHOR, pois a ti clamo de
contínuo.
4 Alegra a alma do teu servo, porque a ti, SENHOR, elevo
a minha alma.
5 Pois tu, SENHOR, és bom e compassivo; abundante em
benignidade para com todos os que te invocam.
6 Escuta, SENHOR, a minha oração e atende à voz das
minhas súplicas.
7 No dia da minha angústia, clamo a ti, porque me respon-
des.
8 Não há entre os deuses semelhante a ti, SENHOR; e nada
existe que se compare às tuas obras.
9 Todas as nações que fizeste virão, prostrar-se-ão diante
de ti, SENHOR, e glorificarão o teu nome.
10 Pois tu és grande e operas maravilhas; só tu és Deus!
11 Ensina-me, SENHOR, o teu caminho, e andarei na tua
verdade; dispõe-me o coração para só temer o teu nome.
12 Dar-te-ei graças, SENHOR, Deus meu, de todo o coração,
e glorificarei para sempre o teu nome.
13 Pois grande é a tua misericórdia para comigo, e me livras-

te a alma do mais profundo poder da morte.
14 Ó Deus, os soberbos se têm levantado contra mim, e um bando de violentos atenta contra a minha vida; eles não te consideram.
15 Mas tu, SENHOR, és Deus compassivo e cheio de graça, paciente e grande em misericórdia e em verdade.
16 Volta-te para mim e compadece-te de mim; concede a tua força ao teu servo e salva o filho da tua serva.
17 Mostra-me um sinal do teu favor, para que o vejam e se envergonhem os que me aborrecem; pois tu, SENHOR, me ajudas e me consolas.

87 Jerusalém, amada de Deus

(Desperta sentimentos de estabilidade, equilíbrio e conforto).

1 Fundada por ele, sobre os montes santos,
2 o SENHOR ama as portas de Sião mais do que as habitações todas de Jacó.
3 Gloriosas cousas se têm dito de ti, ó cidade de Deus!
4 Dentre os que me conhecem, farei menção de Raabe e da Babilônia; eis aí Filístia e Tiro com Etiópia; lá nasceram.
5 E com respeito a Sião se dirá: Este e aquele nasceram nela; e o próprio Altíssimo a estabelecerá.
6 O SENHOR, ao registrar os povos, dirá: Este nasceu lá.
7 Todos os cantores, saltando de júbilo, entoarão: Todas as minhas fontes são em ti.

88 Lamentação de um atribulado

(Para suplicar auxílio divino e afastar o sentimento de desespero e abandono. Para afastar as injustiças).

1 Ó SENHOR, Deus da minha salvação, dia e noite clamo diante de ti.
2 Chegue à tua presença a minha oração, inclina os ouvidos

ao meu clamor.
3 Pois a minha alma está farta de males, e a minha vida já se
abeira da morte.
4 Sou contado com os que baixam à cova; sou um homem
sem força,
5 atirado entre os mortos; como feridos de morte que jazem
na sepultura, dos quais já não te lembras; são desampara-
dos de tuas mãos.
6 Puseste-me na mais profunda cova, nos lugares tenebrosos,
nos abismos.
7 Sobre mim pesa a tua ira; tu me abates com todas as tuas
ondas.
8 Apartaste de mim os meus conhecidos e me fizeste objeto
de abominação para com eles; estou preso e não vejo como
sair.
9 Os meus olhos desfalecem de aflição; dia após dia venho
clamando a ti, SENHOR, e te levanto as minhas mãos.
10 Mostrarás tu prodígios aos mortos ou os finados se levan-
tarão para te louvar?
11 Será referida a tua bondade na sepultura? A tua fidelidade,
nos abismos?
12 Acaso, nas trevas se manifestam as tuas maravilhas? E a
tua justiça, na terra do esquecimento?
13 Mas eu, SENHOR, clamo a ti por socorro, e antemanhã
já se antecipa diante de ti a minha oração.
14 Por que rejeitas, SENHOR, a minha alma e ocultas de
mim o teu rosto?
15 Ando aflito e prestes a expirar desde moço; sob o peso dos
teus terrores, estou desorientado.
16 Por sobre mim passaram as tuas iras, os teus terrores deram
cabo de mim.
17 Eles me rodeiam como água, de contínuo; a um tempo me
circundam.
18 Para longe de mim afastaste amigo e companheiro; os meus

conhecidos são trevas.

89 Promessa do reino messiânico a Davi

(Reforça o sentimento de fidelidade ao Criador. Traz conforto e discernimento para suportar as provações com paciência).

1 Cantarei para sempre as tuas misericórdias, ó SENHOR;
os meus lábios proclamarão a todas as gerações a tua fidelidade.
2 Pois disse eu: a benignidade está fundada para sempre; a
tua fidelidade, tu a confirmarás nos céus, dizendo:
3 Fiz aliança com o meu escolhido e jurei a Davi, meu servo:
4 Para sempre estabelecerei a tua posteridade e firmarei o
teu trono de geração em geração.
5 Celebram os céus as tuas maravilhas, ó SENHOR, e, na
assembleia dos santos, a tua fidelidade.
6 Pois quem nos céus é comparável ao SENHOR? Entre os
seres celestiais, quem é semelhante ao SENHOR?
7 Deus é sobremodo tremendo na assembleia dos santos e
temível sobre os que o rodeiam.
8 Ó SENHOR, Deus dos Exércitos, quem é poderoso como
tu és, SENHOR, com a tua fidelidade ao redor de ti?!
9 Dominas a fúria do mar; quando as suas ondas se levantam,
tu as amainas.
10 Calcaste a Raabe, como um ferido de morte; com o teu
poderoso braço dispersaste os teus inimigos.
11 Teus são os céus, tua a terra; o mundo e a sua plenitude,
tu os fundaste.
12 O Norte e o Sul, tu os criaste; o Tabor e o Hermom exultam
em teu nome.
13 O teu braço é armado de poder, forte é a tua mão, e elevada, a tua destra.
14 Justiça e direito são o fundamento do teu trono; graça e
verdade te precedem.

15 Bem-aventurado o povo que conhece os vivas de júbilo,
que anda, ó SENHOR, na luz da tua presença.
16 Em teu nome, de contínuo se alegra e na tua justiça se
exalta,
17 porquanto tu és a glória de sua força; no teu favor avulta
o nosso poder.
18 Pois ao SENHOR pertence o nosso escudo, e ao Santo de
Israel, o nosso rei.
19 Outrora, falaste em visão aos teus santos e disseste: A um
herói concedi o poder de socorrer; do meio do povo, exal-
tei um escolhido.
20 Encontrei Davi, meu servo; com o meu santo óleo o ungi.
21 A minha mão será firme com ele, o meu braço o fortale-
cerá.
22 O inimigo jamais o surpreenderá, nem o há de afligir o
filho da perversidade.
23 Esmagarei diante dele os seus adversários e ferirei os que
o odeiam.
24 A minha fidelidade e a minha bondade o hão de acompa-
nhar, e em meu nome crescerá o seu poder.
25 Porei a sua mão sobre o mar e a sua direita, sobre os rios.
26 Ele me invocará, dizendo: Tu és meu pai, meu Deus e a
rocha da minha salvação.
27 Fá-lo-ei, por isso, meu primogênito, o mais elevado entre
os reis da terra.
28 Conservar-lhe-ei para sempre a minha graça e, firme com
ele, a minha aliança.
29 Farei durar para sempre a sua descendência; e, o seu trono,
como os dias do céu.
30 Se os seus filhos desprezarem a minha lei e não andarem
nos meus juízos,
31 se violarem os meus preceitos e não guardarem os meus
mandamentos,
32 então, punirei com vara as suas transgressões e com açoi-

tes, a sua iniquidade.
33 Mas jamais retirarei dele a minha bondade, nem desmentirei a minha fidelidade.
34 Não violarei a minha aliança, nem modificarei o que os meus lábios proferiram.
35 Uma vez jurei por minha santidade (e serei eu falso a Davi?):
36 A sua posteridade durará para sempre, e o seu trono, como o sol perante mim.
37 Ele será estabelecido para sempre como a lua e fiel como a testemunha no espaço.
38 Tu, porém, o repudiaste e o rejeitaste; e te indignaste com o teu ungido.
39 Aborreceste a aliança com o teu servo; profanaste-lhe a coroa, arrojando-a para a terra.
40 Arrastaste os seus muros todos; reduziste a ruínas as suas fortificações.
41 Despojam-no todos os que passam pelo caminho; e os vizinhos o escarnecem.
42 Exaltaste a destra dos seus adversários e deste regozijo a todos os seu inimigos.
43 Também viraste o fio da sua espada e não o sustentaste na batalha.
44 Fizeste cessar o seu esplendor e deitaste por terra o seu trono.
45 Abreviaste os dias da sua mocidade e o cobriste de ignomínia.
46 Até quando, SENHOR? Esconder-te-ás para sempre? Arderá a tua ira como fogo?
47 Lembra-te de como é breve a minha existência! Pois criarias em vão todos os filhos dos homens!
48 Que homem há, que viva e não veja a morte? Ou que livre a sua alma das garras do sepulcro?
49 Que é feito, SENHOR, das tuas benignidades de outrora, juradas a Davi por tua fidelidade?

50 Lembra-te, SENHOR, do opróbrio dos teus servos e de
como trago no peito a injúria de muitos povos,
51 com que, SENHOR, os teus inimigos têm vilipendiado,
sim, vilipendiado os passos do teu ungido.
52 Bendito seja o SENHOR para sempre! Amém e amém!

90 A eternidade de Deus e a transitoriedade do homem

(Para obter proteção e forças para vencer os desafios e obstáculos que a vida apresenta).

1 SENHOR, tu tens sido o nosso refúgio, de geração em geração.
2 Antes que os montes nascessem e se formassem a terra e o mundo, de eternidade a eternidade, tu és Deus.
3 Tu reduzes o homem ao pó e dizes: Tornai, filhos dos homens.
4 Pois mil anos, aos teus olhos, são como o dia de ontem que se foi e como a vigília da noite.
5 Tu os arrastas na torrente, são como um sono, como a relva que floresce de madrugada;
6 de madrugada, viceja e floresce; à tarde, murcha e seca.
7 Pois somos consumidos pela tua ira e pelo teu furor, conturbados.
8 Diante de ti puseste as nossas iniquidades e, sob a luz do teu rosto, os nossos pecados ocultos.
9 Pois todos os nossos dias se passam na tua ira; acabam-se os nossos anos como um breve pensamento.
10 Os dias da nossa vida sobem a setenta anos ou, em havendo vigor, a oitenta; neste caso, o melhor deles é canseira e enfado, porque tudo passa rapidamente e nós voamos.
11 Quem conhece o poder da tua ira? E a tua cólera, segundo o temor que te é devido?
12 Ensina-nos a contar os nossos dias, para que alcancemos

coração sábio.
13 Volta-te, SENHOR! Até quando? Tem compaixão dos
teus servos.
14 Sacia-nos de manhã com a tua benignidade, para que can-
temos de júbilo e nos alegremos todos os nossos dias.
15 Alegra-nos por tantos dias quantos nos tens afligido, por
tantos anos quantos suportamos a adversidade.
16 Aos teus servos apareçam as tuas obras, e a seus filhos, a
tua glória.
17 Seja sobre nós a graça do SENHOR, nosso Deus; confir-
ma sobre nós as obras das nossas mãos, sim, confirma a
obra das nossas mãos.

91 Sob a sombra do Altíssimo

(Para atrair bênçãos para a família).

1 O que habita no esconderijo do Altíssimo e descansa à
sombra do Onipotente
2 diz ao SENHOR: Meu refúgio e meu baluarte, Deus meu,
em quem confio.
3 Pois ele te livrará do laço do passarinheiro e da peste per-
niciosa.
4 Cobrir-te-á com as suas penas, e sob suas asas, estarás
seguro; a sua verdade é pavês e escudo.
5 Não te assustarás do terror noturno, nem da seta que voa
de dia,
6 nem da peste que se propaga nas trevas, nem da mortan-
dade que assola ao meio dia.
7 Caiam mil ao teu lado, e dez mil, à tua direita; tu não serás
atingido.
8 Somente com os teus olhos contemplarás e verás o castigo
dos ímpios.
9 Pois disseste: O SENHOR é o meu refúgio. Fizeste do
Altíssimo a tua morada.

10 Nenhum mal te sucederá, praga alguma chegará à tua tenda.
11 Porque aos seus anjos dará ordens a teu respeito, para que te guardem em todos os teus caminhos.
12 Eles te sustentarão nas suas mãos, para não tropeçares nalguma pedra.
13 Pisarás o leão e a áspide, calcarás aos pés o leãozinho e a serpente.
14 Porque a mim se apegou com amor, eu o livrarei; pô-lo-ei a salvo, porque conhece o meu nome.
15 Ele me invocará, e eu lhe responderei; na sua angústia eu estarei com ele, livrá-lo-ei e o glorificarei.
16 Saciá-lo-ei com longevidade e lhe mostrarei a minha salvação.

92 Hino de gratidão a Deus

(Para exercitar a gratidão ao Criador e atrair bênçãos).

1 Bom é render graças ao SENHOR e cantar louvores ao teu nome, ó Altíssimo,
2 anunciar de manhã a tua misericórdia e, durante as noites, a tua fidelidade,
3 com instrumentos de dez cordas, com saltério e com a solenidade da harpa.
4 Pois me alegraste, SENHOR, com os teus feitos; exultarei nas obras das tuas mãos.
5 Quão grandes, SENHOR, são as tuas obras! Os teus pensamentos, que profundos!
6 O inepto não compreende, e o estulto não percebe isto:
7 ainda que os ímpios brotam como a erva, e florescem todos os que praticam a iniquidade, nada obstante, serão destruídos para sempre;
8 tu, porém, SENHOR, és o Altíssimo eternamente.
9 Eis que os teus inimigos, SENHOR, eis que os teus ini-

migos perecerão; serão dispersos todos os que praticam a
iniquidade.
10 Porém tu exaltas o meu poder como o do boi selvagem;
derramas sobre mim o óleo fresco.
11 Os meus olhos vêem com alegria os inimigos que me espreitam, e os meus ouvidos se satisfazem em ouvir dos malfeitores que contra mim se levantam.
12 O justo florescerá como a palmeira, crescerá como o cedro
no Líbano.
13 Plantados na Casa do SENHOR, florescerão nos átrios do
nosso Deus.
14 Na velhice darão ainda mais frutos, serão cheios de seiva
e de verdor,
15 para anunciar que o SENHOR é reto. Ele é a minha rocha,
e nele não há injustiça.

93 O poder e a majestade de Deus

(Favorece a prática da fraternidade e da harmonia entre as pessoas).

1 Reina o SENHOR. Revestiu-se de majestade; de poder se
revestiu o SENHOR e se cingiu. Firmou o mundo, que
não vacila.
2 Desde a antiguidade, está firme o teu trono; tu és desde a
eternidade.
3 Levantam os rios, ó SENHOR, levantam os rios o seu
bramido; levantam os rios o seu fragor.
4 Mas o SENHOR nas alturas é mais poderoso do que o
bramido das grandes águas, do que os poderosos vagalhões
do mar.
5 Fidelíssimos são os teus testemunhos, à tua casa convém
a santidade, SENHOR, para todo o sempre.

94 Apelo para a justiça de Deus

(Para afastar o orgulho e os sentimentos de vingança. Para obter proteção contra a falsidade e a maldade).

1 Ó SENHOR, Deus das vinganças, ó Deus das vinganças, resplandece.
2 Exalta-te, ó juiz da terra; dá o pago aos soberbos.
3 Até quando, SENHOR, os perversos, até quando exultarão os perversos?
4 Proferem impiedades e falam cousas duras; vangloriam-se os que praticam a iniquidade.
5 Esmagam o teu povo, SENHOR, e oprimem a tua herança.
6 Matam a viúva e o estrangeiro e aos órfãos assassinam.
7 E dizem: O SENHOR não o vê; nem disso faz caso o Deus de Jacó.
8 Atendei, ó estúpidos dentre o povo; e vós, insensatos, quando sereis prudentes?
9 O que fez o ouvido, acaso, não ouvirá? E o que formou os olhos será que não enxerga?
10 Porventura, quem repreende as nações não há de punir? Aquele que aos homens dá conhecimento não tem sabedoria?
11 O SENHOR conhece os pensamentos do homem, que são pensamentos vãos.
12 Bem-aventurado o homem, SENHOR, a quem tu repreendes, a quem ensinas a tua lei,
13 para lhe dares descanso dos dias maus, até que se abra a cova para o ímpio.
14 Pois o SENHOR não há de rejeitar o seu povo, nem desamparar a sua herança.
15 Mas o juízo se converterá em justiça, e segui-la-ão todos os de coração reto.
16 Quem se levantará a meu favor, contra os perversos? Quem estará comigo contra os que praticam a iniquidade?

17 Se não fora o auxílio do SENHOR, já a minha alma estaria
na região do silêncio.
18 Quando eu digo: resvala-me o pé, a tua benignidade,
SENHOR, me sustém.
19 Nos muitos cuidados que dentro em mim se multiplicam,
as tuas consolações me alegram a alma.
20 Pode, acaso, associar-se contigo o trono da iniquidade, o
qual forja o mal, tendo uma lei por pretexto?
21 Ajuntam-se contra a vida do justo e condenam o sangue
inocente.
22 Mas o SENHOR é o meu baluarte e o meu Deus, o roche-
do em que me abrigo.
23 Sobre eles faz recair a sua iniquidade e pela malícia deles
próprios os destruirá; o SENHOR, nosso Deus, os exter-
minará.

95 Convite a louvar o SENHOR

(Para agradecer a Deus, exaltar a humildade e pedir proteção contra as catástrofes).

1 Vinde, cantemos ao SENHOR, com júbilo, celebremos o
Rochedo da nossa salvação.
2 Saiamos ao seu encontro, com ações de graças, vitoriemo-
-lo com salmos.
3 Porque o SENHOR é o Deus supremo e o grande Rei,
acima de todos os deuses.
4 Nas suas mãos estão as profundezas da terra, e as alturas
dos montes lhe pertencem.
5 Dele é o mar, pois ele o fez; obra de suas mãos, os conti-
nentes.
6 Vinde, adoremos e prostremo-nos; ajoelhemos diante do
SENHOR, que nos criou.
7 Ele é o nosso Deus, e nós, povo do seu pasto e ovelhas de
sua mão. Hoje, se ouvirdes a sua voz,

8 não endureçais o coração, como em Meribá, como no dia
de Massá, no deserto,
9 quando vossos pais me tentaram, pondo-me à prova, não
obstante terem visto as minhas obras.
10 Durante quarenta anos, estive desgostado com essa gera-
ção e disse: é o povo de coração transviado, não conhece
os meus caminhos.
11 Por isso, jurei na minha ira: não entrarão no meu descan-
so.

96 Tributo à glória e majestade de Deus

(Para exercitar a gratidão a Deus e pedir bênçãos para todos os elementos da flora).

1 Cantai ao SENHOR um cântico novo, cantai ao SENHOR,
todas as terras.
2 Cantai ao SENHOR, bendizei o seu nome; proclamai a
sua salvação, dia após dia.
3 Anunciai entre as nações a sua glória, entre todos os povos,
as suas maravilhas.
4 Porque grande é o SENHOR e mui digno de ser louvado,
temível mais que todos os deuses.
5 Porque todos os deuses dos povos não passam de ídolos;
o SENHOR, porém, fez os céus.
6 Glória e majestade estão diante dele, força e formosura,
no seu santuário.
7 Tributai ao SENHOR, ó famílias dos povos, tributai ao
SENHOR glória e força.
8 Tributai ao SENHOR a glória devida ao seu nome; trazei
oferendas e entrai nos seus átrios.
9 Adorai o SENHOR na beleza da sua santidade; tremei
diante dele, todas as terras.
10 Dizei entre as nações: Reina o SENHOR. Ele firmou o
mundo para que não se abale e julga os povos com equi-

dade.
11 Alegrem-se os céus e a terra exulte; ruja o mar e a sua ple-
nitude.
12 Folgue o campo e tudo o que nele há; regozijem-se todas
as árvores do bosque,
13 na presença do SENHOR, porque vem, vem julgar a ter-
ra; julgará o mundo com justiça e os povos, consoante a
sua fidelidade.

97 A majestade e o domínio de Deus

(Preserva o sentimento de amizade e fraternidade entre familiares e amigos).

1 Reina o SENHOR. Regozije-se a terra, alegrem-se as
muitas ilhas.
2 Nuvens e escuridão o rodeiam, justiça e juízo são a base
do seu trono.
3 Adiante dele vai um fogo que lhe consome os inimigos em
redor.
4 Os seus relâmpagos alumiam o mundo; a terra os vê e
estremece.
5 Derretem-se como cera os montes, na presença do
SENHOR, na presença do Senhor de toda a terra.
6 Os céus anunciam a sua justiça, e todos os povos vêem a
sua glória.
7 Sejam confundidos todos os que servem a imagens de
escultura, os que se gloriam de ídolos; prostrem-se diante
dele todos os deuses.
8 Sião ouve e se alegra, as filhas de Judá se regozijam, por
causa da tua justiça, ó SENHOR.
9 Pois tu, SENHOR, és o Altíssimo sobre toda a terra; tu és
sobremodo elevado acima dos deuses.
10 Vós que amais o SENHOR, detestais o mal; ele guarda a
alma dos seus santos, livra-os da mão dosímpios.

11 A luz difunde-se para o justo, e a alegria, para os retos de
coração.
12 Alegrai-vos no SENHOR, ó justos, e dai louvores ao seu
santo nome.

98 A justiça do SENHOR

(Para exaltar a justiça, a bondade e a sabedoria de Deus em relação às suas criaturas).

1 Cantai ao SENHOR um cântico novo, porque ele tem
feito maravilhas; a sua destra e o seu braço santo lhe alcan-
çaram a vitória.
2 O SENHOR fez notória a sua salvação; manifestou a sua
justiça perante os olhos das nações.
3 Lembrou-se da sua misericórdia e da sua fidelidade para
com a casa de Israel; todos os confins da terra viram a sal-
vação do nosso Deus.
4 Celebrai com júbilo ao SENHOR, todos os confins da
terra; aclamai, regozijai-vos e cantai louvores.
5 Cantai com harpa louvores ao SENHOR, com harpa e voz
de canto;
6 com trombetas e ao som de buzinas, exultai perante o
SENHOR, que é rei.
7 Ruja o mar e a sua plenitude, o mundo e os que nele habi-
tam.
8 Os rios batam palmas, e juntos cantem de júbilo os mon-
tes,
9 na presença do SENHOR, porque ele vem julgar a terra;
julgará o mundo com justiça e os povos, com equidade.

99 A santidade de Deus

(Traz conforto ao espírito e renova a fé no Criador).

1 Reina o SENHOR; tremam os povos. Ele está entroniza-

do acima dos querubins; abale-se a terra.
2 O SENHOR é grande em Sião e sobremodo elevado acima
de todos os povos.
3 Celebrem eles o teu nome grande e tremendo, porque é
santo.
4 És rei poderoso que ama a justiça; tu firmas a equidade,
executas o juízo e a justiça em Jacó.
5 Exaltai ao SENHOR, nosso Deus, e prostrai-vos ante o
escabelo de seus pés, porque ele é santo.
6 Moisés e Arão, entre os seus sacerdotes, e, Samuel, entre
os que lhe invocam o nome, clamavam ao SENHOR, e ele
os ouvia.
7 Falava-lhes na coluna de nuvem; eles guardavam os seus
mandamentos e a lei que lhes tinha dado.
8 Tu lhes respondeste, ó SENHOR, nosso Deus; foste para
eles Deus perdoador, ainda que tomando vingança dos
seus feitos.
9 Exaltai ao SENHOR, nosso Deus, e prostrai-vos ante o
seu santo monte, porque santo é o SENHOR, nosso Deus.

100 Hino de ingresso ao templo

(Renova a fé e gera alegria no coração)

1 Celebrai com júbilo ao SENHOR, todas as terras.
2 Servi ao SENHOR com alegria, apresentai-vos diante dele
com cântico.
3 Sabei que o SENHOR é Deus; foi ele quem nos fez, e dele
somos; somos o seu povo e rebanho do seu pastoreio.
4 Entrai por suas portas com ações de graças e nos seus átrios,
com hinos de louvor; rendei-lhe graças e bendizei-lhe o
nome.
5 Porque o SENHOR é bom, e a sua misericórdia dura para
sempre, e, de geração em geração, a sua fidelidade.

101 Modelo de bom rei

(Para afastar a angústia e as energias negativas. Traz proteção contra a calúnia, a fraude e a injustiça).

1 Cantarei a bondade e a justiça; a ti, SENHOR, cantarei.
2 Atentarei sabiamente ao caminho da perfeição. Oh! Quando virás ter comigo? Portas a dentro, em minha casa, terei coração sincero.
3 Não porei cousa injusta diante dos meus olhos; aborreço o proceder dos que se desviam; nada disto se me pegará.
4 Longe de mim o coração perverso; não quero conhecer o mal.
5 Ao que às ocultas calúnia o próximo, a esse destruirei; o que tem olhar altivo e coração soberbo, não o suportarei.
6 Os meus olhos procurarão os fiéis da terra, para que habitem comigo; esse me servirá.
7 Não há de ficar em minha casa o que usa de fraude; o que profere mentiras não permanecerá ante os meus olhos.
8 Manhã após manhã, destruirei todos os ímpios da terra, para limpar a cidade do SENHOR dos que praticam a iniquidade.

102 Arrependimento e esperança

(Auxilia na depressão. Fortalece o ânimo para a conquista de êxito nos empreendimentos. Renova a esperança e a fé nos corações).

1 Ouve, SENHOR, a minha súplica, e cheguem a ti os meus clamores.
2 Não me ocultes o teu rosto no dia da minha angústia; inclina-me os ouvidos; no dia em que eu clamar; dá-te pressa em acudir-me.
3 Porque os meus dias, como fumaça, se desvanecem, e os meus ossos ardem como em fornalha.
4 Ferido como a erva, secou-se o meu coração; até me esqueço de comer o meu pão.

5 Os meus ossos já se apegam à pele, por causa do meu dolo-
rido gemer.
6 Sou como o pelicano no deserto, como coruja das ruínas.
7 Não durmo, e sou como passarinho solitário nos telhados.
8 Os meus inimigos me insultam a toda hora; furiosos con-
tra mim, praguejam com o meu próprio nome.
9 Por pão tenho comido cinza e misturado com lágrimas a
minha bebida,
10 por causa da tua indignação e da tua ira, porque me ele-
vaste e depois me abateste.
11 Como a sombra que se declina, assim os meus dias, e eu
vou secando como a relva.
12 Tu, porém, SENHOR, permaneces para sempre, e a memó-
ria do teu nome, de geração em geração.
13 Levantar-te-ás e terás piedade de Sião; é tempo de te com-
padeceres dela, e já é vinda a sua hora;
14 porque os teus servos amam até as pedras de Sião e se con-
doem do seu pó.
15 Todas as nações temerão o nome do SENHOR, e todos os
reis da terra, a sua glória;
16 porque o SENHOR edificou a Sião, apareceu sua glória,
17 atendeu à oração do desamparado e não lhe desdenhou as
preces.
18 Ficará isto registrado para a geração futura, e um povo,
que há de ser criado, louvará ao SENHOR;
19 que o SENHOR, do alto do seu santuário, desde os céus,
baixou vistas à terra,
20 para ouvir o gemido dos cativos e libertar os condenados
à morte,
21 a fim de que seja anunciado em Sião o nome do SENHOR,
e o seu louvor, em Jerusalém,
22 quando se reunirem os povos e os reinos, para servirem ao
SENHOR.
23 Ele me abateu a força no caminho e me abreviou os dias.

24 Dizia eu: Deus meu, não me leves na metade da minha
vida; tu, cujos anos se estendem por todas as gerações.
25 Em tempos remotos, lançaste os fundamentos da terra; e
os céus são obra das tuas mãos.
26 Eles perecerão, mas tu permaneces; todos eles envelhecerão como um vestido, como roupa os mudarás, e serão mudados.
27 Tu, porém, és sempre o mesmo, e os teus anos jamais terão fim.
28 Os filhos dos teus servos habitarão seguros, e diante de ti
se estabelecerá a sua descendência.

103 A misericórdia de Deus

(Traz incentivo à busca de renovação interior. Auxilia na recuperação de doentes do corpo e do espírito. Protege a saúde das plantas e dos animais).

1 Bendize, ó minha alma, ao SENHOR, e tudo que há em
mim, bendiga ao seu santo nome.
2 Bendize, ó minha alma, ao SENHOR e não te esqueças de
nem um só de seus benefícios.
3 Ele é quem perdoa todas as tuas iniquidades; quem sara
todas as tuas enfermidades;
4 quem da cova redime a tua vida e te coroa de graça e misericórdia;
5 quem farta de bens a tua velhice, de sorte que a tua mocidade se renova como a da águia.
6 O SENHOR faz justiça e julga a todos os oprimidos.
7 Manifestou os seus caminhos a Moisés e os seus feitos aos
filhos de Israel.
8 O SENHOR é misericordioso e compassivo; longânimo
e assaz benigno.
9 Não repreende perpetuamente, nem conserva para sempre
a sua ira.

10 Não nos trata segundo os nossos pecados, nem nos retribui
consoante as nossas iniquidades.
11 Pois quanto o céu se alteia acima da terra, assim é grande
a sua misericórdia para os que o temem.
12 Quanto dista o Oriente do Ocidente, assim afasta de nós
as nossas transgressões.
13 Como um pai se compadece de seus filhos, assim o
SENHOR se compadece dos que o temem.
14 Pois ele conhece a nossa estrutura e sabe que somos pó.
15 Quanto ao homem, os seus dias são como a relva; como a
flor do campo, assim ele floresce;
16 pois, soprando nela o vento, desaparece e não conhecerá,
daí em diante, o seu lugar.
17 Mas a misericórdia do SENHOR é de eternidade a eter-
nidade, sobre os que o temem, e a sua justiça, sobre os
filhos dos filhos;
18 para com os que guardam a sua aliança e para com os que
se lembram dos seus preceitos e os cumprem.
19 Nos céus, estabeleceu o SENHOR o seu trono, e o seu
reino domina sobre tudo.
20 Bendizei ao SENHOR, todos os seus anjos, valorosos em
poder, que executais as suas ordens e lhe obedeceis à pala-
vra.
21 Ao SENHOR, todos os seus exércitos, vós, ministros seus,
que fazeis a sua vontade.
22 Bendizei ao SENHOR, vós, todas as suas obras, em todos
os lugares do seu domínio. Bendize, ó minha alma, ao
SENHOR.

104 Louvor a Deus criador

(Recarrega as energias combalidas e renova a fé na grandeza e sabedoria de Deus).

1 Bendize, ó minha alma, ao SENHOR! SENHOR, Deus

meu, como tu és magnificente: sobrevestido de glória e
majestade,
2 coberto de luz como de um manto. Tu estendes o céu como
uma cortina,
3 pões nas águas o vigamento da tua morada, tomas as nuvens
por teu carro e voas nas asas do vento.
4 Fazes a teus anjos ventos e a teus ministros, labaredas de
fogo.
5 Lançaste os fundamentos da terra, para que ela não vacile
em tempo nenhum.
6 Tomaste o abismo por vestuário e a cobriste; as águas fica-
ram acima das montanhas;
7 à tua repreensão, fugiram, à voz do teu trovão, bateram
em retirada.
8 Elevaram-se os montes, desceram os vales, até ao lugar
que lhes havias preparado.
9 Puseste às águas divisa que não ultrapassarão, para que
não tornem a cobrir a terra
10 Tu fazes rebentar fontes no vale, cujas águas correm entre
os montes;
11 dão de beber a todos os animais do campo; os jumentos
selvagens matam a sua sede.
12 Junto delas têm as aves do céu o seu pouso e, por entre a
ramagem, desferem o seu canto.
13 Do alto de tua morada, regas os montes; e a terra farta-se
do fruto de tuas obras.
14 Fazes crescer a relva para os animais e as plantas, para o
serviço do homem, de sorte que da terra tire o seu pão,
15 o vinho, que alegra o coração do homem, o azeite, que lhe
dá brilho ao rosto, e o alimento, que lhe sustém as forças.
16 Avigoram-se as árvores do SENHOR e os cedros do Líba-
no que ele plantou,
17 em que as aves fazem seus ninhos; quanto à cegonha, a sua
casa é nos ciprestes.

18 Os altos montes são das cabras montesinhas, e as rochas,
o refúgio dos arganazes.
19 Fez a lua para marcar o tempo; o sol conhece a hora do seu
ocaso.
20 Dispões as trevas, e vem a noite, na qual vagueiam os ani-
mais da selva.
21 Os leõezinhos rugem pela presa e buscam de Deus o sus-
tento;
22 em vindo o sol, eles se recolhem e se acomodam nos seus
covis.
23 Sai o homem para seu trabalho e para o seu encargo até à
tarde.
24 Que variedade, SENHOR, nas tuas obras! Todas com
sabedoria as fizeste; cheia está a terra das tuas riquezas.
25 Eis o mar vasto, imenso, no qual se movem seres sem con-
ta, animais pequenos e grandes.
26 Por ele transitam os navios e o monstro marinho que for-
maste para nele folgar.
27 Todos esperam em ti que lhes dês de comer a seu tempo.
28 Se lhes dás, eles o recolhem; se abres a mão, eles se fartam
de bens.
29 Se ocultas os rostos, eles se perturbam; se lhes cortas a
respiração, morrem e voltam ao seu pó.
30 Envias o teu Espírito Santo, eles são criados, e, assim,
renovas a face da terra.
31 A glória do SENHOR seja para sempre! Exulte o SENHOR
por suas obras!
32 Com só olhar para a terra, ele a faz tremer; toca as monta-
nhas, e elas fumegam.
33 Cantarei ao SENHOR enquanto eu viver; e cantarei lou-
vores ao meu Deus durante a minha vida.
34 Seja-lhe agradável a minha meditação; eu me alegrarei no
SENHOR.
35 Desapareçam da terra os pecadores, e já não subsistam os

perversos. Bendize, ó minha alma, ao SENHOR! Aleluia!

105 As maravilhosas obras do SENHOR a favor de Israel

(Reacende a esperança perdida. Favorece a fertilidade. Traz encorajamento ao espírito deprimido. Favorece a conquista de sucesso nos empreendimentos voltados para o bem).

1 Rendei graças ao SENHOR, invocai o seu nome, fazei conhecidos, entre os povos, os seus feitos.

2 Cantai-lhe, cantai-lhe salmos; narrai todas as suas maravilhas.

3 Gloriai-vos no seu santo nome; alegre-se o coração dos que buscam o SENHOR.

4 Buscai o SENHOR e o seu poder; buscai perpetuamente a sua presença.

5 Lembrai-vos das maravilhas que fez, dos seus prodígios e dos juízos de seus lábios,

6 vós, descendentes de Abraão, seu servo, vós, filhos de Jacó, seus escolhidos.

7 Ele é o SENHOR, nosso Deus; os seus juízos permeiam toda a terra.

8 Lembra-se perpetuamente da sua aliança, da palavra que empenhou para mil gerações;

9 da aliança que fez Abraão e do juramento que fez a Isaque;

10 o qual confirmou a Jacó por decreto e a Israel por aliança perpétua,

11 dizendo: Dar-te-ei a terra de Canaã como quinhão da vossa herança.

12 Então, eram eles em pequeno número, pouquíssimos e forasteiros nela;

13 andavam de nação em nação, dum reino para outro reino.

14 A ninguém permitiu que os oprimisse; antes, por amor deles, repreendeu a reis,

15 dizendo: Não toqueis nos meus ungidos, nem maltrateis
os meus profetas.
16 Fez vir fome sobre a terra e cortou os meios de se obter
pão.
17 Adiante deles enviou um homem, José, vendido como
escravo;
18 cujos pés apertaram com grilhões e a quem puseram em
ferros,
19 até cumprir-se a profecia a respeito dele, e tê-lo provado
a palavra do SENHOR.
20 O rei mandou soltá-lo; o potentado dos povos o pôs em
liberdade.
21 Constituiu-o senhor de sua casa e mordomo de tudo o que
possuía,
22 para, a seu talante, sujeitar os seus príncipes e aos seus
anciãos ensinar a sabedoria.
23 Então, Israel entrou no Egito, e Jacó peregrinou na terra
de Cam.
24 Deus fez sobremodo fecundo o seu povo e o tornou mais
forte do que os seus opressores.
25 Mudou-lhes o coração para que odiassem o seu povo e
usassem de astúcia para com os seus servos.
26 E lhes enviou Moisés, seu servo, e Arão, a quem escolhe-
ra,
27 por meio dos quais fez, entre eles, os seus sinais e maravi-
lhas na terra de Cam.
28 Enviou trevas, e tudo escureceu; e Moisés e Arão não foram
rebeldes à sua palavra.
29 Transformou-lhes as águas em sangue e assim lhes fez
morrer os peixes.
30 Sua terra produziu rãs em abundância, até nos aposentos
dos reis.
31 Ele falou, e vieram nuvens de moscas e piolhos em todo o
seu país.

32 Por chuva deu-lhes saraiva e fogo chamejante, na sua terra.
33 Devastou-lhes os vinhedos e os figueirais e lhes quebrou as árvores dos seus termos.
34 Ele falou, e vieram gafanhotos e saltões sem conta,
35 os quais devoraram toda a erva do país e comeram o fruto dos seus campos.
36 Também feriu de morte a todos os primogênitos da sua terra, as primícias do seu vigor.
37 Então, fez sair o seu povo, com prata e ouro, e entre as suas tribos não havia um só inválido.
38 Alegrou-se o Egito quando eles saíram, porquanto lhe tinham infundido terror.
39 Ele estendeu uma nuvem que lhes servisse de toldo e um fogo para os alumiar de noite.
40 Pediram, e ele fez vir codornizes e os saciou com pão do céu.
41 Fendeu a rocha, e dela brotaram águas, que correram, qual torrente, pelo deserto.
42 Porque estava lembrado da sua santa palavra e de Abraão, seu servo.
43 E conduziu com alegria o seu povo e, com jubiloso canto, os seus escolhidos.
44 Deu-lhes as terras das nações, e eles se apossaram do trabalho dos povos,
45 para que lhe guardassem os preceitos e lhe observassem as leis. Aleluia!

106 A graça de Deus e a ingratidão de Israel

(Renova a confiança na bondade de Deus. Promove a alegria e atrai a prosperidade).

1 Aleluia! Rendei graças ao SENHOR, porque ele é bom; porque a sua misericórdia dura para sempre.

2 Quem saberá contar os poderosos feitos do SENHOR ou
anunciar os seus louvores?
3 Bem-aventurados os que guardam a retidão e o que prati-
ca a justiça em todo tempo.
4 Lembra-te de mim, SENHOR, segundo a tua bondade
para com o teu povo; visita-me com a tua salvação,
5 para que eu veja a prosperidade dos teus escolhidos, e me
alegre com a alegria do teu povo, e me regozije com a tua
herança.
6 Pecamos, como nossos pais; cometemos iniquidades, pro-
cedemos mal.
7 Nossos pais, no Egito, não atentaram às tuas maravilhas;
não se lembraram da multidão das tuas misericórdias e
foram rebeldes junto ao mar, o mar Vermelho.
8 Mas ele os salvou por amor do seu nome, para lhes fazer
notório o seu poder.
9 Repreendeu o mar Vermelho, e ele secou; e fê-los passar
pelos abismos, como por um deserto.
10 Salvou-os das mãos de quem os odiava e os remiu do poder
do inimigo.
11 As águas cobriram os seus opressores; nem um deles esca-
pou.
12 Então, creram nas suas palavras e lhe cantaram louvor.
13 Cedo, porém, se esqueceram das suas obras e não lhe guar-
daram os desígnios;
14 entregaram-se à cobiça, no deserto; e tentaram a Deus na
solidão.
15 Concedeu-lhes o que pediram, mas fez definhar-lhes a
alma.
16 Tiveram inveja de Moisés, no acampamento, e de Arão,
o santo do SENHOR.
17 Abriu-se a terra, e tragou a Datã, e cobriu o grupo de Abirão.
18 Ateou-se um fogo contra o seu grupo; a chama abrasou os
ímpios.

19 Em Horebe, fizeram um bezerro e adoraram o ídolo fun-
dido.
20 E, assim, trocaram a glória de Deus pelo simulacro de um
novilho que come erva.
21 Esqueceram-se de Deus, seu Salvador, que, no Egito,
fizera cousas portentosas,
22 maravilhas na terra de Cam, tremendos feitos no mar Ver-
melho.
23 Tê-los-ia exterminado, como dissera, se Moisés, seu esco-
lhido, não se houvesse interposto, impedindo que sua
cólera os destruísse.
24 Também desprezaram a terra aprazível e não deram cré-
dito à sua palavra;
25 antes, murmuraram em suas tendas e não acudiram à voz
do SENHOR.
26 Então, lhes jurou, de mão erguida, que os havia de arrasar
no deserto;
27 e também derribaria entre as nações a sua descendência e
os dispersaria por outras terras.
28 Também se juntaram a Baal-Peor e comeram os sacrifícios
dos ídolos mortos.
29 Assim, com tais ações, o provocaram à ira; e grassou pes-
te entre eles.
30 Então, se levantou Finéias e executou o juízo; e cessou a
peste.
31 Isso lhe foi imputado por justiça, de geração em geração,
para sempre.
32 Depois, o indignaram nas águas de Meribá, e, por causa
deles, sucedeu mal a Moisés,
33 pois foram rebeldes ao Espírito de Deus, e Moisés falou
irrefletidamente.
34 Não exterminaram os povos, como o SENHOR lhes orde-
nara.
35 Antes, se mesclaram com as nações e lhes aprenderam as

obras;
36 deram culto a seus ídolos, os quais se lhes converteram em laço;
37 pois imolaram seus filhos e suas filhas aos demônios
38 e derramaram sangue inocente, o sangue de seus filhos e filhas, que sacrificaram aos ídolos de Canaã; e a terra foi contaminada com sangue.
39 Assim se contaminaram com as suas obras e se prostituíram nos seus feitos.
40 Acendeu-se, por isso, a ira do SENHOR contra o seu povo, e ele abominou a sua própria herança
41 e os entregou ao poder das nações; sobre eles dominaram os que os odiavam.
42 Também os oprimiram os seus inimigos, sob cujo poder foram subjugados.
43 Muitas vezes os libertou, mas eles o provocaram com os seus conselhos e, por sua iniquidade, foram abatidos.
44 Olhou-os, contudo, quando estavam angustiados e lhes ouviu o clamor;
45 lembrou-se, a favor deles, de sua aliança e se compadeceu, segundo a multidão de suas misericórdias.
46 Fez também que lograssem compaixão de todos os que os levaram cativos.
47 Salva-nos, SENHOR, nosso Deus, e congrega-nos de entre as nações, para que demos graças ao teu santo nome e nos gloriemos no teu louvor.
48 Bendito seja o SENHOR, Deus de Israel, de eternidade a eternidade; e todo o povo diga: Amém! Aleluia!

107 Deus salva de todas as tribulações

(Para confortar a alma angustiada. Auxilia nos estados depressivos. Fortalece a fé e a confiança no poder e bondade de Deus).

1 Rendei graças ao SENHOR, porque ele é bom e a sua

misericórdia dura para sempre.
2 Digam-no os remidos do SENHOR, os que ele resgatou da mão do inimigo,
3 e congregou de entre as terras, do Oriente e do Ocidente, do Norte e do mar.
4 Andaram errantes pelo deserto, por ermos caminhos, sem achar cidades em que habitassem.
5 Famintos e sedentos, desfalecia neles a alma.
6 Então, na sua angústia, clamaram ao SENHOR, e ele os livrou das suas tribulações.
7 Conduziu-os pelo caminho direito, para que fossem à cidade em que habitassem.
8 Rendam graças ao SENHOR por sua bondade e por suas maravilhas para com os filhos dos homens!
9 Pois dessedentou a alma sequiosa e fartou de bens a alma faminta.
10 Os que se assentaram nas trevas e nas sombras da morte, presos de aflição e em ferros,
11 por se terem rebelado contra a palavra de Deus e haverem desprezado o conselho do Altíssimo,
12 de modo que lhes abateu com trabalhos o coração - caíram, e não houve quem os socorresse.
13 Então, na sua angústia, clamaram ao SENHOR, e ele os livrou das suas tribulações.
14 Tirou-os das trevas e das sombras da morte e lhes despedaçou as cadeias.
15 Rendam graças ao SENHOR por sua bondade e por suas maravilhas para com os filhos dos homens!
16 Pois arrombou as portas de bronze e quebrou as trancas de ferro.
17 Os estultos, por causa do seu caminho de transgressão e por causa das suas iniquidades, serão afligidos.
18 A sua alma aborreceu toda sorte de comida, e chegaram às portas da morte.

19 Então, na sua angústia, clamaram ao SENHOR, e Ele os
livrou das suas tribulações.
20 Enviou-lhes a sua palavra, e os sarou, e os livrou do que
era mortal.
21 Rendam graças ao SENHOR por sua bondade e por suas
maravilhas para com os filhos do homens!
22 Ofereçam sacrifícios de ações de graças e proclamem com
júbilo as suas obras!
23 Os que, tomando navios, descem aos mares, os que fazem
tráfico na imensidade das águas,
24 esses vêem as obras do SENHOR e as suas maravilhas nas
profundezas do abismo.
25 Pois ele falou e fez levantar o vento tempestuoso, que ele-
vou as ondas do mar.
26 Subiram até aos céus, desceram até aos abismos; no meio
destas angústias, desfalecia-lhes a alma.
27 Andaram, e cambalearam como ébrios, e perderam todo
tino.
28 Então, na sua angústia, clamaram ao SENHOR, e ele os
livrou das suas tribulações.
29 Fez cessar a tormenta, e as ondas se acalmaram.
30 Então, se alegraram com a bonança; e, assim, os levou ao
desejado porto.
31 Rendam graças ao SENHOR por sua bondade e por suas
maravilhas para com os filhos dos homens!
32 Exaltem-no também na assembleia do povo e o glorifiquem
no conselho dos anciãos.
33 Ele converteu rios em desertos e mananciais, em terra seca;
34 terra frutífera, em deserto salgado, por causa da maldade
dos seus habitantes.
35 Converteu o deserto em lençóis de água e a terra seca, em
mananciais.
36 Estabeleceu aí os famintos, os quais edificaram uma cida-
de em que habitassem.

37 Semearam campos, e plantaram vinhas, e tiveram fartas
colheitas.
38 Ele os abençoou, de sorte que se multiplicaram muito; e o
gado deles não diminuiu.
39 Mas tornaram a reduzir-se e foram humilhados pela opres-
são, pela adversidade e pelo sofrimento.
40 Lança ele o desprezo sobre os príncipes e os faz andar
errantes, onde não há caminho.
41 Mas levanta da opressão o necessitado, para um alto reti-
ro, e lhe prospera famílias como rebanhos.
42 Os retos vêem isso e se alegram, mas o ímpio por toda
parte fecha a boca.
43 Quem é sábio atente para essas cousas e considere as mise-
ricórdias do SENHOR.

108 Deus concede a vitória ao seu povo

(Para libertar a alma de sentimentos antifraternos e eliminar a angústia. Para afastar os inimigos).

1 Firme está o meu coração, ó Deus! Cantarei e entoarei
louvores de toda a minha alma.
2 Despertai, saltério e harpa! Quero acordar a alva.
3 Render-te-ei graças entre os povos, ó SENHOR! Cantar-
-te-ei louvores entre as nações.
4 Porque acima dos céus se eleva a tua misericórdia, e a tua
fidelidade, para além das nuvens.
5 Sê exaltado, ó Deus, acima dos céus; e em toda a terra
esplenda a tua glória,
6 para que os teus amados sejam livres; salva com a tua des-
tra e responde-nos.
7 Disse Deus na sua santidade: Exultarei; dividirei Siquém
e medirei o vale de Sucote.
8 Meu é Gileade, meu é Manassés; Efraim é a defesa de
minha cabeça; Judá é o meu cetro.

9 Moabe, porém, é a minha bacia de lavar; sobre Edom ati-
rarei a minha sandália; sobre a Filístia jubilarei.
10 Quem me conduzirá à cidade fortificada? Quem me guia-
rá até Edom?
11 Não nos rejeitaste, ó Deus? Tu não sais, ó Deus, com os
nossos exércitos!
12 Presta-nos auxílio na angústia, pois vão é o socorro do
homem.
13 Em Deus faremos proezas, porque ele mesmo calca aos
pés os nossos adversários.

109 Imprecações contra os inimigos

(Para pedir amparo nas aflições e libertar a alma dos sentimentos inferiores).

1 Ó Deus do meu louvor, não te cales!
2 Pois contra mim se desataram lábios maldosos e fraudu-
lentos; com mentirosa língua falam contra mim.
3 Cercam-me com palavras odiosas e sem causa me fazem
guerra.
4 Em paga do meu amor, me hostilizam; eu, porém, oro.
5 Pagaram-me o bem com o mal; o amor, com ódio.
6 Suscita contra ele um ímpio, e à sua direita esteja um acu-
sador.
7 Quando o julgarem, seja condenado; e, tida como pecado,
a sua oração.
8 Os seus dias sejam poucos, e tome outro o seu encargo.
9 Fiquem órfãos os seus filhos, e viúva, a sua esposa.
10 Andem errantes os seus filhos e mendiguem; e sejam expul-
sos das ruínas de suas casas.
11 De tudo o que tem, lance mão o usurário; do fruto do seu
trabalho, esbulhem-no os estranhos.
12 Ninguém tenha misericórdia dele, nem haja quem se com-
padeça dos seus órfãos.

13 Desapareça a sua posteridade, e na seguinte geração se
extinga o seu nome.
14 Na lembrança do SENHOR, viva a iniquidade de seus
pais, e não se apague o pecado de sua mãe.
15 Permaneçam ante os olhos do SENHOR, para que faça
desaparecer da terra a memória deles.
16 Porquanto não se lembrou de usar de misericórdia, mas
perseguiu o aflito e o necessitado, como também o que-
brantado de coração para os entregar à morte.
17 Amou a maldição; ela o apanhe; não quis a benção; apar-
te-se dele.
18 Vestiu-se de maldição como de uma túnica; penetre, como
água, no seu interior, e nos seus ossos, como azeite.
19 Seja-lhe como a roupa que o cobre e como o cinto com que
sempre se cinge.
20 Tal seja, da parte do SENHOR, o galardão dos meus con-
trários e dos que falam mal contra a minha alma.
21 Mas tu, SENHOR Deus, age por mim, por amor do teu
nome; livra-me, porque é grande a tua misericórdia.
22 Porque estou aflito e necessitado e, dentro de mim, sinto
ferido o coração.
23 Vou passando, como a sombra que declina; sou atirado
para longe, como um gafanhoto.
24 De tanto jejuar, os meus joelhos me vacilam, e de magre-
za vai mirrando a minha carne.
25 Tornei-me para eles objeto de opróbrio; quando me vêem,
meneiam a cabeça.
26 Socorre, SENHOR, Deus meu! Salva-me segundo a tua
misericórdia.
27 Para que saibam vir isso das tuas mãos; que tu, SENHOR,
o fizeste.
28 Amaldiçoem eles, mas tu, abençoa; sejam confundidos os
que contra mim se levantam; alegre-se, porém o teu servo.
29 Cubram-se de ignomínia os meus adversários, e a sua

própria confusão os envolva como uma túnica.
30 Muitas graças darei ao SENHOR com os meus lábios; louvá-lo-ei no meio da multidão;
31 porque ele se põe à direita do pobre, para o livrar dos que lhe julgam a alma.

110 O reino e o sacerdócio do Messias

(Alimenta a esperança e renova a confiança na justiça divina).

1 Disse o SENHOR ao meu senhor: Assenta-te à minha direita, até que eu ponha os teus inimigos debaixo dos teus pés.
2 O SENHOR enviará de Sião o cetro do seu poder, dizendo: Domina entre os teus inimigos.
3 Apresentar-se-á voluntariamente o teu povo, no dia do teu poder; com santos ornamentos, como o orvalho emergindo da aurora, serão os teus jovens.
4 O SENHOR jurou e não se arrependerá: Tu és sacerdote para sempre, segundo a ordem de Melquisedeque.
5 O SENHOR, à tua direita, no dia da sua ira, esmagará os reis.
6 Ele julga entre as nações; enche-as de cadáveres; esmagará cabeças por toda a terra.
7 De caminho, bebe na torrente e passa de cabeça erguida.

111 As obras magníficas de Deus

(Para atrair boas energias e alegria ao coração).

1 Aleluia! De todo o coração renderei graças ao SENHOR, na companhia dos justos e na assembleia.
2 Grandes são as obras do SENHOR, consideradas por todos os que nelas se comprazem.
3 Em suas obras há glória e majestade, e a sua justiça permanece para sempre.

4 Ele fez memoráveis as suas maravilhas; benigno e miseri-
cordioso é o SENHOR.
5 Dá sustento aos que o temem; lembrar-se-á sempre da sua
aliança.
6 Manifesta ao seu povo o poder das suas obras, dando-lhe
a herança das nações.
7 As obras de suas mãos são verdade e justiça; fiéis, todos
os seus preceitos.
8 Estáveis são eles para todo o sempre, instituídos em fide-
lidade e retidão.
9 Enviou ao seu povo a redenção; estabeleceu para sempre
a sua aliança; santo e tremendo é o seu nome.
10 O temor do SENHOR é o princípio da sabedoria; revelam
prudência todos os que o praticam. O seu louvor perma-
nece para sempre.

112 Promessa da vida futura aos piedosos

(Gera simpatia. Favorece a conquista de amizades sinceras).

1 Aleluia! Bem-aventurado o homem que teme ao SENHOR
e se compraz nos seus mandamentos.
2 A sua descendência será poderosa na terra; será abençoa-
da a geração dos justos.
3 Na sua casa há prosperidade e riqueza, e a sua justiça per-
manece para sempre.
4 Ao justo, nasce luz nas trevas; ele é benigno, misericor-
dioso e justo.
5 Ditoso o homem que se compadece e empresta; ele defen-
derá a sua causa em juízo;
6 não será jamais abalado; será tido em memória eterna.
7 Não se atemoriza de más notícias; o seu coração é firme,
confiante no SENHOR,
8 O seu coração, bem firmado, não teme; até ver cumprido,
nos seus adversários, o seu desejo.

9 Distribui, dá aos pobres; a sua justiça permanece para
sempre, e o seu poder se exaltará em glória.
10 O perverso vê isso e se enraivece; range os dentes e se con-
some; o desejo dos perversos perecerá.

113 O SENHOR, o maior e mais digno objeto de louvor

(Favorece a fertilidade e traz conforto aos pobres e necessitados).

1 Aleluia! Louvai, servos do SENHOR, louvai o nome do
SENHOR.
2 Bendito seja o nome do SENHOR, agora e para sempre.
3 Do nascimento do sol até ao ocaso, louvado seja o nome
do SENHOR.
4 Excelso é o SENHOR, acima de todas as nações, e a sua
glória, acima dos céus.
5 Quem há semelhante ao SENHOR, nosso Deus, cujo
trono está nas alturas,
6 que se inclina para ver o que se passa no céu e sobre a ter-
ra?
7 Ele ergue do pó o desvalido e do monturo, o necessitado,
8 para o assentar ao lado dos príncipes, sim, com os prínci-
pes do seu povo.
9 Faz que a mulher estéril viva em família e seja alegre mãe
de filhos. Aleluia!

114 As maravilhas do êxodo

(Renova a esperança no coração e atrai êxito para as mudanças de rumo na vida).

1 Quando saiu Israel do Egito, e a casa de Jacó, do meio de
um povo de língua estranha,
2 Judá se tornou o seu santuário, e Israel, o seu domínio.
3 O mar viu isso e fugiu; o Jordão tornou atrás.

4 Os montes saltaram como carneiros, e as colinas, como
cordeiros do rebanho.
5 Que tens, ó mar, que assim foges? E tu, Jordão, para tor-
nares atrás?
6 Montes, por que saltais como cordeiros? E vós, colinas,
como cordeiros do rebanho?
7 Estremece, ó terra, na presença do SENHOR, na presen-
ça do Deus de Jacó,
8 o qual converteu a rocha em lençol de água e o seixo, em
manancial.

115 Honras somente a Deus

(Para pedir bênçãos para a família e para os amigos).

1 Não a nós, SENHOR, não a nós, mas ao teu nome dá gló-
ria, por amor da tua misericórdia e da tua fidelidade.
2 Por que diriam as nações: Onde está o Deus deles?
3 No céu está o nosso Deus e tudo faz como lhe agrada.
4 Prata e ouro são ídolos deles, obra das mãos de homens.
5 Têm boca e não falam; têm olhos e não vêem;
6 têm ouvidos e não ouvem; têm nariz e não cheiram.
7 Suas mãos não apalpam; seus pés não andam; som nenhum
lhes sai da garganta.
8 Tornem-se semelhantes a eles os que os fazem e quantos
neles confiam.
9 Israel confia no SENHOR; ele é o seu amparo e o seu
escudo.
10 A casa de Arão confia no SENHOR; ele é o seu amparo e
o seu escudo.
11 Confiam no SENHOR os que temem o SENHOR; ele é
o seu amparo e o seu escudo.
12 De nós se tem lembrado o SENHOR; ele nos abençoará;
abençoará a casa de Israel, abençoará a casa de Arão.
13 Ele abençoa os que temem o SENHOR, tanto pequenos

como grandes.
14 O SENHOR vos aumente bênçãos mais e mais, sobre vós e sobre vossos filhos.
15 Sede benditos do SENHOR, que fez os céus e a terra.
16 Os céus são os céus do SENHOR, mas a terra, deu-a ele aos filhos dos homens.
17 Os mortos não louvam o SENHOR, nem os que descem à região do silêncio.
18 Nós, porém, bendiremos o SENHOR, desde agora e para sempre. Aleluia!

116 Salmo de ações de graças

(Para adquirir confiança e coragem para superar obstáculos e vencer demandas judiciais ou concursos).

1 Amo o SENHOR, porque ele ouve a minha voz e as minhas súplicas.
2 Porque inclinou para mim os seus ouvidos, invocá-lo-ei enquanto eu viver.
3 Laços de morte me cercaram, e angústias do inferno se apoderaram de mim; caí em tribulação e tristeza.
4 Então, invoquei o nome do SENHOR: ó SENHOR, livra-me a alma.
5 Compassivo e justo é o SENHOR; o nosso Deus é misericordioso.
6 O SENHOR vela pelos simples; achava-me prostrado, e ele me salvou.
7 Volta, minha alma, ao teu sossego, pois o SENHOR tem sido generoso para contigo.
8 Pois livraste da morte a minha alma, das lágrimas, os meus olhos, da queda, os meus pés.
9 Andarei na presença do SENHOR, na terra dos viventes.
10 Eu cria, ainda que disse: estive sobremodo aflito.
11 Eu disse na minha perturbação: todo homem é mentiroso.

12 Que darei ao SENHOR por todos os seus benefícios para comigo?
13 Tomarei o cálice da salvação e invocarei o nome do SENHOR.
14 Cumprirei os meus votos ao SENHOR, na presença de todo o seu povo.
15 Preciosa é aos olhos do SENHOR a morte dos seus santos.
16 SENHOR, deveras sou teu servo, teu servo, filho da tua serva; quebraste as minhas cadeias.
17 Oferecer-te-ei sacrifícios de ações de graças e invocarei o nome do SENHOR.
18 Cumprirei os meus votos ao SENHOR, na presença de todo o seu povo,
19 nos átrios da Casa do SENHOR, no meio de ti, ó Jerusalém. Aleluia!

117 Todos os povos devem louvar ao SENHOR

(Para ter coragem nos momentos difíceis).

1 Louvai ao SENHOR, vós todos os gentios, louvai-o, todos os povos.
2 Porque mui grande é a sua misericórdia para conosco, e a fidelidade do SENHOR subsiste para sempre. Aleluia!

118 Alegria dos justos pelo Salvador

(Para pedir coragem e combater a depressão e as energias negativas. Auxilia a vencer demandas judiciais).

1 Rendei graças ao SENHOR, porque ele é bom, porque sua misericórdia dura para sempre.
2 Diga, pois, Israel: Sim, a sua misericórdia dura para sempre.
3 Diga, pois, a casa de Arão: Sim, a sua misericórdia dura para sempre.

4 Digam, pois, os que temem ao SENHOR: Sim, a sua mise-
ricórdia dura para sempre.
5 Em meio à tribulação, invoquei o SENHOR, e o SENHOR
me ouviu e me deu folga.
6 O SENHOR está comigo; não temerei. Que poderá fazer
o homem?
7 O SENHOR está comigo entre os que me ajudam; por
isso, verei cumprido o meu desejo nos que me odeiam.
8 Melhor é buscar refúgio no SENHOR do que confiar no
homem.
9 Melhor é buscar refúgio no SENHOR do que confiar em
príncipes.
10 Todas as nações me cercaram, mas em nome do SENHOR
as destruí.
11 Cercaram-me, cercaram-me de todos os lados; mas em
nome do SENHOR as destruí.
12 Como abelhas me cercaram, porém como fogo em espinhos
foram queimadas; em nome do SENHOR as destruí.
13 Empurraram-me violentamente para me fazer cair, porém
o SENHOR me amparou.
14 SENHOR é a minha força e o meu cântico, porque ele me
salvou.
15 Nas tendas dos justos há voz de júbilo e de salvação; a
destra do SENHOR faz proezas.
16 A destra do SENHOR se eleva, a destra do SENHOR faz
proezas.
17 Não morrerei; antes, viverei e contarei as obras do
SENHOR.
18 O SENHOR me castigou severamente, mas não me entre-
gou à morte.
19 Abri-me as portas da justiça; entrarei por elas e renderei
graças ao SENHOR.
20 Esta é a porta do SENHOR; por ela entrarão os justos.
21 Render-te-ei graças porque me acudiste e foste a minha

salvação.
22 A pedra que os construtores rejeitaram, essa veio a ser a
principal pedra, angular;
23 isto procede do SENHOR e é maravilhoso aos nossos olhos.
24 Este é o dia que o SENHOR fez; regozijemo-nos e alegre-
mo-nos nele.
25 Oh! Salva-nos, SENHOR, nós te pedimos; oh! SENHOR,
concede-nos prosperidade!
26 Bendito o que vem em nome do SENHOR. A vós outros
da casa do SENHOR, nós vos abençoamos.
27 O SENHOR é Deus, ele é a nossa luz; adornai a festa com
ramos até às pontas do altar.
28 Tu és o meu Deus, render-te-ei graças; tu és o meu Deus,
quero exaltar-te.
29 Rendei graças ao SENHOR, porque ele é bom, porque a
sua misericórdia dura para sempre.

119 Excelência da lei divina

(Renova a fé na justiça divina. Atrai bênçãos para o lar e para a família).

1 Bem-aventurados os irrepreensíveis no seu caminho, que
andam na lei do SENHOR.
2 Bem-aventurados os que guardam as suas prescrições e o
buscam de todo o coração;
3 não praticam iniquidade e andam nos seus caminhos.
4 Tu ordenaste os teus mandamentos, para que os cumpra-
mos à risca.
5 Tomara sejam firmes os meus passos, para que eu observe
os teus preceitos.
6 Então, não terei de que me envergonhar, quando conside-
rar em todos os teus mandamentos.
7 Render-te-ei graças com integridade de coração, quando
tiver aprendido os teus retos juízos.

8 Cumprirei os teus decretos; não me desampares jamais.
9 De que maneira poderá o jovem guardar puro o seu cami-
nho? Observando-o segundo a tua palavra.
10 De todo o coração te busquei; não me deixes fugir aos teus
mandamentos.
11 Guardo no coração as tuas palavras, para não pecar contra
ti.
12 Bendito és tu, SENHOR; ensina-me os teus preceitos.
13 Com os lábios tenho narrado todos os juízos da tua boca.
14 Mais me regozijo com o caminho dos teus testemunhos do
que com todas as riquezas.
15 Meditarei nos teus preceitos e às tuas veredas terei respei-
to.
16 Terei prazer nos teus decretos; não me esquecerei da tua
palavra.
17 Sê generoso para com o teu servo, para que eu viva e obser-
ve a tua palavra.
18 Desvenda os meus olhos, para que eu contemple as mara-
vilhas da tua lei.
19 Sou peregrino na terra; não escondas de mim os teus man-
damentos.
20 Consumida está a minha alma por desejar, incessantemen-
te, os teus juízos.
21 Increpaste os soberbos, os malditos, que se desviam dos
teus mandamentos.
22 Tira de sobre mim o opróbrio e o desprezo, pois tenho
guardado os teus testemunhos.
23 Assentaram-se príncipes e falaram contra mim, mas o teu
servo considerou nos teus decretos.
24 Com efeito, os teus testemunhos são o meu prazer, são os
meus conselheiros.
25 A minha alma está apegada ao pó; vivifica-me segundo a
tua palavra.
26 Eu te expus os meus caminhos, e tu me valeste; ensina-me

os teus decretos.
27 Faze-me atinar com o caminho dos teus preceitos, e meditarei nas tuas maravilhas.
28 A minha alma, de tristeza, verte lágrimas; fortalece-me segundo a tua palavra.
29 Afasta de mim o caminho da falsidade e favorece-me com a tua lei.
30 Escolhi o caminho da fidelidade e decidi-me pelos teus juízos.
31 Aos teus testemunhos me apego; não permitas, SENHOR, seja eu envergonhado.
32 Percorrerei o caminho dos teus mandamentos, quando me alegrares o coração.
33 Ensina-me, SENHOR, o caminho dos teus decretos, e os seguirei até ao fim.
34 Dá-me entendimento, e guardarei a tua lei; de todo o coração a cumprirei.
35 Guia-me pela vereda dos teus mandamentos, pois nela me comprazo.
36 Inclina-me o coração aos teus testemunhos e não à cobiça.
37 Desvia os meus olhos, para que não vejam a vaidade, e vivifica-me no teu caminho.
38 Confirma ao teu servo a tua promessa feita aos que te temem.
39 Afasta de mim o opróbrio, que temo, porque os teus juízos são bons.
40 Eis que tenho suspirado pelos teus preceitos; vivifica-me por tua justiça.
41 Venham também sobre mim as tuas misericórdias, SENHOR, e a tua salvação, segundo a tua promessa.
42 E saberei responder aos que me insultam, pois confio na tua palavra.
43 Não tires jamais de minha boca a palavra da verdade, pois tenho esperado nos teus juízos.

44 Assim, observarei de contínuo a tua lei, para todo o sempre.
45 E andarei com largueza, pois me empenho pelos teus preceitos.
46 Também falarei dos teus testemunhos na presença dos reis e não me envergonharei.
47 Terei prazer nos teus mandamentos, os quais eu amo.
48 Para os teus mandamentos, que amo, levantarei as mãos e meditarei nos teus decretos.
49 Lembra-te da promessa que fizeste ao teu servo, na qual me tens feito esperar.
50 O que me consola na minha angústia é isto: que a tua palavra me vivifica.
51 Os soberbos zombam continuamente de mim; todavia, não me afasto da tua lei.
52 Lembro-me dos teus juízos de outrora e me conforto, ó SENHOR.
53 De mim se apoderou a indignação, por causa dos pecadores que abandonaram a tua lei.
54 Os teus decretos são motivo dos meus cânticos, na casa da minha peregrinação.
55 Lembro-me, SENHOR, do teu nome, durante a noite, e observo a tua lei.
56 Tem-se dado assim comigo, porque guardo os teus preceitos.
57 O SENHOR é a minha porção; eu disse que guardaria as tuas palavras.
58 Imploro de todo o coração a tua graça; compadece-te de mim, segundo a tua palavra.
59 Considero os meus caminhos e volto os meus passos para os teus testemunhos.
60 Apresso-me, não me detenho, em guardar os teus mandamentos.
61 Laços de perversos me enleiam; contudo, não me esqueço da tua lei.

62 Levanto-me à meia-noite para te dar graças; por causa dos teus retos juízos.
63 Companheiro que sou de todos os que te temem e dos que guardam os teus preceitos.
64 A terra, SENHOR, está cheia da tua bondade; ensina-me os teus decretos.
65 Tens feito bem ao teu servo, SENHOR, segundo a tua palavra.
66 Ensina-me bom juízo e conhecimento, pois creio nos teus mandamentos.
67 Antes de ser afligido, andava errado, mas agora guardo a tua palavra.
68 Tu és bom e fazes o bem; ensina-me os teus decretos.
69 Os soberbos têm forjado mentiras contra mim; não obstante, eu guardo de todo o coração os teus preceitos.
70 Tornou-se-lhes o coração insensível, como se fosse de sebo; mas eu me comprazo na tua lei.
71 Foi-me bom ter eu passado pela aflição, para que aprendesse os teus decretos.
72 Para mim vale mais a lei que procede de tua boca do que milhares de ouro ou de prata.
73 As tuas mãos me fizeram e me afeiçoaram; ensina-me para que aprenda os teus mandamentos.
74 Alegraram-se os que te temem quando me viram, porque na tua palavra tenho esperado.
75 Bem sei, ó SENHOR, que os teus juízos são justos e que com fidelidade me afligiste.
76 Venha, pois, a tua bondade consolar-me, segundo a palavra que deste ao teu servo.
77 Baixem sobre mim as tuas misericórdias, para que eu viva; pois na tua lei está o meu prazer.
78 Envergonhados sejam os soberbos por me haverem oprimido injustamente; eu, porém, meditarei nos teus preceitos.

79 Voltem-se para mim os que te temem e os que conhecem
os teus testemunhos.
80 Seja o meu coração irrepreensível nos teus decretos, para
que eu não seja envergonhado.
81 Desfalece-me a alma, aguardando a tua salvação; porém
espero na tua palavra.
82 Esmorecem os meus olhos de tanto esperar por tua pro-
messa, enquanto eu digo: quando me haverás de consolar?
83 Já me assemelho a um odre na fumaça; contudo, não me
esqueço dos teus decretos.
84 Quantos vêm a ser os dias do teu servo? Quando me farás
justiça contra os que me perseguem?
85 Para mim abriram covas os soberbos, que não andam con-
soante a tua lei.
86 São verdadeiros todos os teus mandamentos; eles me per-
seguem injustamente; ajuda-me.
87 Quase deram cabo de mim, na terra; mas eu não deixo os
teus preceitos.
88 Vivifica-me, segundo a tua misericórdia, e aguardarei os
testemunhos oriundos de tua boca.
89 Para sempre, ó SENHOR, está firmada a tua palavra no
céu.
90 A tua fidelidade estende-se de geração em geração; fun-
daste a terra, e ela permanece.
91 Conforme os teus juízos, assim tudo se mantém até hoje;
porque ao teu dispor estão todas as cousas.
92 Não fosse a tua lei ter sido o meu prazer, há muito já teria
eu perecido na minha angústia.
93 Nunca me esquecerei dos teus preceitos, visto que por eles
me tens dado vida.
94 Sou teu; salva-me, pois eu busco os teus preceitos.
95 Os ímpios me espreitam para perder-me; mas eu atento
para os teus testemunhos.
96 Tenho visto que toda perfeição tem seu limite; mas o teu

mandamento é ilimitado.
97 Quanto amo a tua lei! É a minha meditação, todo o dia!
98 Os teus mandamentos me fazem mais sábio que os meus
inimigos; porque, aqueles, eu os tenho sempre comigo.
99 Compreendo mais do que todos os meus mestres, porque
medito nos teus testemunhos.
100 Sou mais prudente que os idosos, porque guardo os teus
preceitos.
101 De todo mau caminho desvio os pés, para observar a tua
palavra.
102 Não me aparto dos teus juízos, pois tu me ensinas.
103 Quão doces são as tuas palavras ao meu paladar! Mais que
o mel à minha boca.
104 Por meio dos teus preceitos, consigo entendimento; por
isso, detesto todo caminho de falsidade.
105 Lâmpada para os meus pés é a tua palavra e luz, para os
meus caminhos.
106 Jurei e confirmei o juramento de guardar os teus retos
juízos.
107 Estou aflitíssimo; vivifica-me, SENHOR, segundo a tua
palavra.
108 Aceita, SENHOR, a espontânea oferenda dos meus lábios
e ensina-me os teus juízos.
109 Estou de contínuo em perigo de vida; todavia, não me
esqueço da tua lei.
110 Armam ciladas contra mim os ímpios; contudo, não me
desvio dos teus preceitos.
111 Os teus testemunhos, recebi-os por legado perpétuo, por-
que me constituem o prazer do coração.
112 Induzo o coração a guardar os teus decretos, para sempre,
até ao fim.
113 Aborreço a duplicidade, porém amo a tua lei.
114 Tu és o meu refúgio e o meu escudo; na tua palavra, eu
espero.

115 Apartai-vos de mim, malfeitores; quero guardar os mandamentos do meu Deus.
116 Ampara-me, segundo a tua promessa, para que eu viva; não permitas que a minha esperança me envergonhe.
117 Sustenta-me, e serei salvo e sempre atentarei para os teus decretos.
118 Desprezas os que se desviam dos teus decretos, porque falsidade é a astúcia deles.
119 Rejeitas, como escória, todos os ímpios da terra; por isso, amo os teus testemunhos.
120 Arrepia-se-me a carne com temor de ti, e temo os teus juízos.
121 Tenho praticado juízo e justiça; não me entregues aos meus opressores.
122 Sê fiador do teu servo para o bem: não permitas que os soberbos me oprimam.
123 Desfalecem-me os olhos à espera da tua salvação e da promessa da tua justiça.
124 Trata o teu servo segundo a tua misericórdia e ensina-me os teus decretos.
125 Sou teu servo; dá-me entendimento, para que eu conheça os teus testemunhos.
126 Já é tempo, SENHOR, para intervires, pois a tua lei está sendo violada.
127 Amo os teus mandamentos mais do que o ouro, mais do que o ouro refinado.
128 Por isso, tenho por, em tudo, retos os teus preceitos todos e aborreço todo caminho de falsidade.
129 Admiráveis são os teus testemunhos; por isso, a minha alma os observa.
130 A revelação das tuas palavras esclarece e dá entendimento aos simples.
131 Abro a boca e aspiro, porque anelo os teus mandamentos.
132 Volta-te para mim e tem piedade de mim, segundo costu-

mas fazer aos que amam o teu nome.
133 Firma os meus passos na tua palavra, e não me domine iniquidade alguma.
134 Livra-me da opressão do homem, e guardarei os teus preceitos.
135 Faze resplandecer o teu rosto sobre o teu servo e ensina-me os teus decretos.
136 Torrentes de água nascem dos meus olhos, porque os homens não guardam a tua lei.
137 Justo és, SENHOR, e retos os teus juízos.
138 Os teus testemunhos, tu os impuseste com retidão e com suma fidelidade.
139 O meu zelo me consome, porque os meus adversários se esquecem da tua palavra.
140 Puríssima é a tua palavra; por isso, o teu servo a estima.
141 Pequeno sou e desprezado; contudo, não me esqueço dos teus preceitos.
142 A tua justiça é justiça eterna e a tua lei é a própria verdade.
143 Sobre mim vieram tribulação e angústia; todavia, os teus mandamentos são o meu prazer.
144 Eterna é a justiça dos teus testemunhos; dá-me a inteligência deles, e viverei.
145 De todo o coração eu te invoco; ouve-me, SENHOR; observo os teus decretos.
146 Clamo a ti; salva-me, e guardarei os teus testemunhos.
147 Antecipo-me ao alvorecer do dia e clamo; na tua palavra, espero confiante.
148 Os meus olhos antecipam-se às vigílias noturnas, para que eu medite nas tuas palavras.
149 Ouve, SENHOR, a minha voz, segundo a tua bondade; vivifica-me, segundo os teus juízos.
150 Aproximam-se de mim os que andam após a maldade; eles se afastam da tua lei.
151 Tu estás perto, SENHOR, e todos os teus mandamentos

são verdade.
152 Quanto às tuas prescrições, há muito sei que as estabeleceste para sempre.
153 Atenta para a minha aflição e livra-me, pois não me esqueço da tua lei.
154 Defende a minha causa e liberta-me; vivifica-me, segundo a tua promessa.
155 A salvação está longe dos ímpios, pois não procuram os teus decretos.
156 Muitas, SENHOR, são as tuas misericórdias; vivifica-me, segundo os teus juízos.
157 São muitos os meus perseguidores e os meus adversários; não me desvio, porém, dos teus testemunhos.
158 Vi os infiéis e senti desgosto, porque não guardam a tua palavra.
159 Considera em como amo os teus preceitos; vivifica-me, ó SENHOR, segundo a tua bondade.
160 As tuas palavras são em tudo verdade desde o princípio, e cada um dos teus justos juízos dura para sempre.
161 Príncipes me perseguem sem causa, porém o que o meu coração teme é a tua palavra.
162 Alegro-me nas tuas promessas, como quem acha grandes despojos.
163 Abomino e detesto a mentira; porém amo a tua lei.
164 Sete vezes no dia, eu te louvo pela justiça dos teus juízos.
165 Grande paz têm os que amam a tua lei; para eles não há tropeço.
166 Espero, SENHOR, na tua salvação e cumpro os teus mandamentos.
167 A minha alma tem observado os teus testemunhos; eu os amo ardentemente.
168 Tenho observado os teus preceitos e os teus testemunhos, pois na tua presença estão todos os meus caminhos.
169 Chegue a ti, SENHOR, a minha súplica; dá-me entendi-

mento, segundo a tua palavra.
170 Chegue a minha petição à tua presença; livra-me segundo a tua palavra.
171 Profiram louvor os meus lábios, pois me ensinas os teus decretos.
172 A minha língua celebre a tua lei, pois todos os teus mandamentos são justiça.
173 Venha a tua mão socorrer-me, pois escolhi os teus preceitos.
174 Suspiro, SENHOR, por tua salvação; a tua lei é todo o meu prazer.
175 Viva a minha alma para louvar-te; ajudem-me os teus juízos.
176 Ando errante como ovelha desgarrada; procura o teu servo, pois não me esqueço dos teus mandamentos.

120 Contra as más línguas

(Traz encorajamento para enfrentar com serenidade os problemas do cotidiano. Protege contra a maledicência).

1 Na minha angústia clamo ao SENHOR, e ele me ouve.
2 SENHOR, livra-me dos lábios mentirosos, da língua enganadora.
3 Que te será dado ou que te será acrescentado, ó língua enganadora?
4 Setas agudas do valente e brasas vivas de zimbro.
5 Ai de mim, que peregrino em Meseque e habito nas tendas de Quedar.
6 Já há tempo demais que habito com os que odeiam a paz.
7 Sou pela paz; quando, porém, eu falo, eles teimam pela guerra.

121 Deus, o fiel guarda dos homens

(Traz serenidade e paz ao coração).

1 Elevo os olhos para os montes: de onde me virá o socorro?
2 O meu socorro vem do SENHOR, que fez o céu e a terra.
3 Ele não permitirá que os teus pés vacilem; não dormitará
aquele que te guarda.
4 É certo que não dormita, nem dorme o guarda de Israel.
5 O SENHOR é quem te guarda; o SENHOR é a tua som-
bra à tua direita.
6 De dia não te molestará o sol, nem de noite, a lua.
7 O SENHOR te guardará de todo mal; guardará a tua alma.
8 O SENHOR guardará a tua saída e a tua entrada, desde
agora e para sempre.

122 Oração pela paz de Jerusalém

(Pela paz no Oriente Médio. Para gerar sentimento de segurança e paz à alma e proteger contra opressões).

1 Alegrei-me quando me disseram: Vamos à Casa do
SENHOR.
2 Pararam os nossos pés junto às tuas portas, ó Jerusalém!
3 Jerusalém, que estás construída como cidade compacta,
4 para onde sobem as tribos, as tribos do SENHOR, como
convém a Israel, para renderem graças ao nome do
SENHOR.
5 Lá estão os tronos de justiça, os tronos da casa de Davi.
6 Orai pela paz de Jerusalém! Sejam prósperos os que te
amam.
7 Reine paz dentro de teus muros e prosperidade nos teus
palácios.
8 Por amor dos meus irmãos e amigos, eu peço: haja paz em
ti!
9 Por amor da Casa do SENHOR, nosso Deus, buscarei o
teu bem.

123 Solicitude por auxílio divino

(Ajuda a renovar a fé e a confiança na justiça e na proteção divina).

1 A ti, que habitas nos céus, elevo os meus olhos!
2 Como os olhos dos servos estão fitos nas mãos dos seus
senhores, e os olhos da serva, na mão de sua senhora, assim
os nossos olhos estão fitos no SENHOR, nosso Deus, até
que se compadeça de nós.
3 Tem misericórdia de nós, SENHOR, tem misericórdia;
pois estamos sobremodo fartos de desprezo.
4 A nossa alma está saturada do escárnio dos que estão à sua
vontade e do desprezo dos soberbos.

124 Deus, nosso protetor e libertador

(Para libertar a mente de sentimentos opressivos e trazer reconforto à alma).

1 Não fosse o SENHOR, que esteve ao nosso lado, Israel
que o diga;
2 não fosse o SENHOR, que esteve ao nosso lado, quando
os homens se levantaram contra nós,
3 e nos teriam engolido vivos, quando a sua ira se acendeu
contra nós;
4 as águas nos teriam submergido, e sobre a nossa alma
teriam passado a torrente;
5 as águas impetuosas teriam passado sobre a nossa alma.
6 Bendito o SENHOR, que não nos deu por presa aos den-
tes deles.
7 Salvou-se a nossa alma, como um pássaro do laço dos pas-
sarinheiros; quebrou-se o laço, e nós os vimos livres.
8 O nosso socorro está em o nome do SENHOR, criador do
céu e da terra.

125 Fé inabalável

(Para reafirmação da fé e proteção contra a injustiça).

1 Os que confiam no SENHOR são como o monte Sião, que
não se abala, firme para sempre.
2 Como em redor de Jerusalém estão os montes, assim o
SENHOR, em derredor do seu povo, desde agora e para
sempre.
3 O cetro dos ímpios não permanecerá sobre a sorte dos
justos, para que o justo não estenda a mão à iniquidade.
4 Faze o bem, SENHOR, aos bons e aos retos de coração.
5 Quanto aos que se desviam para sendas tortuosas, levá-
-los-á o SENHOR juntamente com os malfeitores. Paz
sobre Israel!

126 Consolo para os que choram

(Ajuda a restaurar a fé e traz conforto aos aflitos).

1 Quando o SENHOR restaurou a sorte de Sião, ficamos
como quem sonha.
2 Então, a nossa boca se encheu de riso, e a nossa língua, de
júbilo; então, entre as nações se dizia: Grandes cousas o
SENHOR tem feito por eles.
3 Com efeito, grandes cousas fez o SENHOR por nós; por
isso, estamos alegres.
4 Restaura, SENHOR, a nossa sorte, como as torrentes no
Neguebe.
5 Os que com lágrimas semeiam com júbilo ceifarão.
6 Quem sai andando e chorando, enquanto semeia, voltará
com júbilo, trazendo os seus feixes.

127 Todo bem procede de Deus

(Conforta e gera confiança na proteção divina do lar e da família).

1 Se o SENHOR não edificar a casa, em vão trabalham os

que a edificam; se o SENHOR não guardar a cidade, em
vão vigia a sentinela.
2 Inútil vos será levantar de madrugada, repousar tarde,
comer o pão que penosamente granjeastes; aos seus amados
ele o dá enquanto dormem.
3 Herança do SENHOR são os filhos; o fruto do ventre, seu
galardão.
4 Como flechas na mão do guerreiro, assim os filhos da
mocidade.
5 Feliz o homem que enche deles a sua aljava; não será envergonhado,
quando pleitear com os inimigos à porta.

128 Temor a Deus e felicidade no lar

(Atrai harmonia, saúde e prosperidade à família).

1 Bem-aventurado aquele que teme ao SENHOR e anda
nos seus caminhos!
2 Do trabalho de tuas mãos comerás, feliz serás, e tudo te
irá bem.
3 Tua esposa, no interior de tua casa, será como a videira
frutífera; teus filhos, como rebentos da oliveira, à roda da
tua mesa.
4 Eis como será abençoado o homem que teme ao SENHOR!
5 O SENHOR te abençoe desde Sião, para que vejas a prosperidade
de Jerusalém durante os dias de tua vida,
6 vejas os filhos de teus filhos. Paz sobre Israel!

129 Recordação de libertações

(Para se obter encorajamento para vencer a angústia. Para afastar invejosos, inimigos ou adversários).

1 Muitas vezes me angustiaram desde a minha mocidade,
Israel que o diga; me angustiaram, todavia, não prevaleceram
contra mim.

2 Sobre o meu dorso lavraram os aradores; nele abriram
longos sulcos.
3 Mas o SENHOR é justo; cortou as cordas dos ímpios.
4 Sejam envergonhados e repelidos todos os que aborrecem
a Sião!
5 Sejam como a erva dos telhados, que seca antes de flores-
cer,
6 com a qual não enche a mão o ceifeiro, nem os braços, o
que ata os feixes!
7 E também os que passam não dizem: A bênção do
SENHOR seja convosco! Nós vos abençoamos em nome
do SENHOR!

130 Das profundezas

(Reacende a esperança e traz conforto e confiança na bondade e sabedoria divina).

1 Das profundezas clamo a ti, SENHOR.
2 Escuta, SENHOR, a minha voz; estejam alertas os teus
ouvidos às minhas súplicas.
3 Se observares, SENHOR, iniquidades, quem, SENHOR,
subsistirá?
4 Contigo, porém, está o perdão, para que não te temam.
5 Aguardo o SENHOR, a minha alma o aguarda; eu espero
na sua palavra.
6 A minha alma anseia pelo SENHOR mais do que os guar-
das pelo romper da manhã. Mais do que os guardas pelo
romper da manhã,
7 espere Israel no SENHOR, pois no SENHOR há miseri-
córdia; nele, copiosa redenção.
8 É ele quem redime a Israel de todas as suas iniquidades.

131 Calma em Deus

(Traz calma e serenidade à alma).

1 SENHOR, não é soberbo o meu coração, nem altivo o meu olhar; não ando à procura de grandes cousas, nem de cousas maravilhosas demais para mim.

2 Pelo contrário, fiz calar e sossegar a minha alma; como a criança desmamada se aquieta nos braços de sua mãe, como essa criança é a minha alma para comigo.

3 Espera, ó Israel, no SENHOR, desde agora e para sempre.

132 Uma promessa antiga

(Ajuda a reforçar os elos de fraternidade e a atrair abundância e prosperidade).

1 Lembra-te, SENHOR, a favor de Davi, de todas as suas provações;

2 de como jurou ao SENHOR e fez votos ao Poderoso de Jacó:

3 Não entrarei na tenda em que moro, nem subirei ao leito em que repouso,

4 não darei sono aos meus olhos, nem repouso às minhas pálpebras,

5 até que eu encontre lugar para o SENHOR, morada para o Poderoso de Jacó.

6 Ouvimos dizer que a arca se achava em Efrata e a encontramos no campo de Jaar.

7 Entremos na sua morada, adoremos ante o estrado de seus pés.

8 Levanta-te, SENHOR, entra no lugar do teu repouso, tu e a arca de tua fortaleza.

9 Vistam-se de justiça os teus sacerdotes, e exultem os teus fiéis.

10 Por amor de Davi, teu servo, não desprezes o rosto do teu ungido.

11 O SENHOR jurou a Davi com firme juramento e dele não
se apartará: Um rebento da tua carne farei subir para o teu
trono.
12 Se os teus filhos guardarem a minha aliança e o testemunho
que eu lhes ensinar, também os seus filhos se assentarão
para sempre no teu trono.
13 Pois o SENHOR escolheu a Sião, preferiu-a por sua mora-
da:
14 Este é para sempre o lugar do meu repouso; aqui habitarei,
pois o preferi.
15 Abençoarei com abundância o seu mantimento e de pão
fartarei os seus pobres.
16 Vestirei de salvação os seus sacerdotes, e de júbilo exulta-
rão os seus fiéis.
17 Ali farei brotar a força de Davi; preparei uma lâmpada
para o meu ungido.
18 Cobrirei de vexame os seus inimigos; mas sobre ele flo-
rescerá a sua coroa.

133 A excelência da união fraternal

(Para fomentar a união entre os membros da família. Para atrair boas amizades).

1 Oh! Como é bom e agradável viverem unidos os irmãos!
2 É como o óleo precioso sobre a cabeça, o qual desce para
a barba, a barba de Arão, e desce para a gola de suas vestes.
3 É como o orvalho do Hermom, que desce sobre os montes
de Sião. Ali ordena o SENHOR a sua bênção e a vida para
sempre.

134 Convocando ao culto vespertino

(Para renovação da fé. Atrai bênçãos pelo reconhecimento da bondade, sabedoria e justiça de Deus).

1 Bendizei ao SENHOR, vós todos, servos do SENHOR,
que assistis na Casa do SENHOR, nas horas da noite;
2 erguei as mãos para o santuário e bendizei ao SENHOR.
3 De Sião te abençoe o SENHOR, criador do céu e da terra!

135 Louvores a Deus

(Para honrar a Deus e atrair bênçãos ao lar e à família).

1 Aleluia! Louvai o nome do SENHOR; louvai-o, servos do
SENHOR,
2 vós que assistis na Casa do SENHOR, nos átrios da casa
do nosso Deus.
3 Louvai ao SENHOR, porque o SENHOR é bom; cantai
louvores ao seu nome, porque é agradável.
4 Pois o SENHOR escolheu para si a Jacó e a Israel para sua
possessão.
5 Com efeito, eu sei que o SENHOR é grande e que o nos-
so Deus está acima de todos os deuses.
6 Tudo quanto aprouve ao SENHOR, ele o fez, nos céus e
na terra, no mar e em todos os abismos.
7 Faz subir as nuvens dos confins da terra, faz os relâmpagos
para a chuva, faz sair o vento dos seus reservatórios.
8 Foi ele quem feriu os primogênitos no Egito, tanto dos
homens como das alimárias;
9 quem, no meio de ti, ó Egito, operou sinais e prodígios
contra Faraó e todos os seus servos;
10 quem feriu muitas nações e tirou a vida a poderosos reis:
11 a Seom, rei dos amorreus, e a Ogue, rei de Basã, e a todos
os reinos de Canaã;
12 cujas terras deu em herança, em herança a Israel, seu povo.
13 O teu nome, SENHOR, subsiste para sempre; a tua memó-
ria, SENHOR, passará de geração em geração.
14 Pois o SENHOR julga ao seu povo e se compadece dos
seus servos.

15 Os ídolos das nações são prata e ouro, obra das mãos dos
homens.
16 Têm boca e não falam; têm olhos e não vêem;
17 têm ouvidos e não ouvem; pois não há alento de vida em
sua boca.
18 Como eles se tornam os que os fazem, e todos os que neles
confiam.
19 Casa de Israel, bendizei ao SENHOR; casa de Arão, ben-
dizei ao SENHOR;
20 casa de Levi, bendizei ao SENHOR; vós que temeis ao
SENHOR, bendizei ao SENHOR.
21 Desde Sião bendito seja o SENHOR, que habita em Jeru-
salém! Aleluia!

136 A misericórdia de Deus

(Para reatar amizades e pedir perdão e proteção a Deus).

1 Rendei graças ao SENHOR, porque ele é bom, porque a
sua misericórdia dura para sempre.
2 Rendei graças ao Deus dos deuses, porque a sua miseri-
córdia dura para sempre.
3 Rendei graças ao Senhor dos senhores, porque a sua mise-
ricórdia dura para sempre;
4 ao único que opera grandes maravilhas, porque a sua mise-
ricórdia dura para sempre;
5 àquele que com entendimento fez os céus, porque a sua
misericórdia dura para sempre;
6 àquele que estendeu a terra sobre as águas, porque a sua
misericórdia dura para sempre;
7 àquele que fez os grandes luminares, porque a sua mise-
ricórdia dura para sempre;
8 o sol para presidir o dia, porque a sua misericórdia dura
para sempre;
9 a lua e as estrelas para presidirem a noite, porque a sua

misericórdia dura para sempre;
10 àquele que feriu o Egito nos seus primogênitos, porque a
sua misericórdia dura para sempre;
11 e tirou a Israel do meio deles, porque a sua misericórdia
dura para sempre;
12 com mão poderosa e braço estendido, porque a sua mise-
ricórdia dura para sempre;
13 àquele que separou em duas partes o mar Vermelho, por-
que a sua misericórdia dura para sempre;
14 e por entre elas fez passar a Israel, porque a sua misericór-
dia dura para sempre;
15 mas precipitou no mar Vermelho a Faraó e ao seu exército,
porque a sua misericórdia dura para sempre;
16 àquele que conduziu o seu povo pelo deserto, porque a sua
misericórdia dura para sempre;
17 àquele que feriu grandes reis, porque a sua misericórdia
dura para sempre;
18 e tirou a vida a famosos reis, porque a sua misericórdia
dura para sempre;
19 a Seom, rei dos amorreus, porque a sua misericórdia dura
para sempre;
20 e a Ogue, rei de Basã, porque a sua misericórdia dura para
sempre;
21 cujas terras deu em herança, porque a sua misericórdia
dura para sempre;
22 em herança a Israel, seu servo, porque a sua misericórdia
dura para sempre;
23 a quem se lembrou de nós, em nosso abatimento, porque
a sua misericórdia dura para sempre;
24 e nos libertou dos nossos adversários, porque a sua mise-
ricórdia dura para sempre;
25 e dá alimento a toda carne, porque a sua misericórdia dura
para sempre;
26 Oh! Tributai louvores ao Deus dos céus, porque a sua

misericórdia dura para sempre.

137 Saudades da pátria

(Para serenar o coração angustiado pela separação ou pela perda de entes queridos. Para restaurar a fé).

1 Às margens dos rios da Babilônia, nós nos assentávamos e chorávamos, lembrando-nos de Sião.
2 Nos salgueiros que lá havia, pendurávamos as nossas harpas,
3 pois aqueles que nos levaram cativos nos pediam canções, e os nossos opressores, que fôssemos alegres, dizendo: Entoai-nos algum dos cânticos de Sião.
4 Como, porém, haveríamos de entoar o canto do SENHOR em terra estranha?
5 Se eu de ti me esquecer, ó Jerusalém, que se resseque a minha mão direita.
6 Apegue-se-me a língua ao paladar, se não lembrar de ti, se não preferir eu Jerusalém à minha maior alegria.
7 Contra os filhos de Edom, lembra-te, SENHOR, do dia de Jerusalém, pois diziam: Arrasai, arrasai-a, até aos fundamentos.
8 Filha da Babilônia, que hás de ser destruída; feliz aquele que te der o pago do mal que nos fizeste.
9 Feliz aquele que pegar teus filhos e esmagá-los contra a pedra.

138 Graças a Deus por sua fidelidade

(Para afastar sentimentos de orgulho e vaidade).

1 Render-te-ei graças, SENHOR, de todo o meu coração; na presença dos poderosos te cantarei louvores.
2 Prostrar-me-ei para o teu santo templo e louvarei o teu nome, por causa da tua misericórdia e da tua verdade, pois

magnificaste acima de tudo o teu nome e a tua palavra.
3 No dia em que eu clamei, tu me acudiste e alentaste a for-
ça de minha alma.
4 Render-te-ão graças, ó SENHOR, todos os reis da terra,
quando ouvirem as palavras da tua boca,
5 e cantarão os caminhos do SENHOR, pois grande é a gló-
ria do SENHOR.
6 O SENHOR é excelso, contudo, atenta para os humildes;
os soberbos, ele os conhece de longe.
7 Se ando em meio à tribulação, tu me refazes a vida; esten-
des a mão contra a ira dos meus inimigos; a tua destra me
salva.
8 O que a mim me concerne o SENHOR levará a bom ter-
mo; a tua misericórdia, ó SENHOR, dura para sempre;
não desampares as obras das tuas mãos.

139 Deus onisciente e onipotente

(Para afastar os maus pensamentos e pedir a proteção divina nos momentos de fraqueza).

1 SENHOR, tu me sondas e me conheces.
2 Sabes quando me assento e quando me levanto; de longe
penetras os meus pensamentos.
3 Esquadrinhas o meu andar e o meu deitar e conheces todos
os meus caminhos.
4 Ainda a palavra me não chegou à língua, e tu, SENHOR,
já a conheces toda.
5 Tu me cercas por trás e por diante e sobre mim pões a mão.
6 Tal conhecimento é maravilhoso demais para mim: é sobre-
modo elevado, não o posso atingir.
7 Para onde me ausentarei do teu Espírito? Para onde fugi-
rei da tua face?
8 Se subo aos céus, lá estás; se faço a minha cama no mais
profundo abismo, lá estás também;

9 se tomo as asas da alvorada e me detenho nos confins dos
mares,
10 ainda lá me haverá de guiar a tua mão, e a tua destra me
susterá.
11 Se eu digo: as trevas, com efeito, me encobrirão, e a luz ao
redor de mim se fará noite,
12 até as próprias trevas não te serão escuras: as trevas e a luz
são a mesma cousa.
13 Pois tu formaste o meu interior, tu me teceste no seio de
minha mãe.
14 Graças te dou, visto que por modo assombrosamente mara-
vilhoso me formaste; as tuas obras são admiráveis, e a
minha alma o sabe muito bem;
15 os meus ossos não te foram encobertos, quando no oculto
fui formado e entretecido como nas profundezas da terra.
16 Os teus olhos me viram a substância ainda informe, e no
teu livro foram escritos todos os meus dias, cada um deles
escrito e determinado, quando nem um deles havia ainda.
17 Que preciosos para mim, ó Deus, são os teus pensamentos!
E como é grande a soma deles!
18 Se os contasse, excedem os grãos de areia; contaria, con-
taria, sem jamais chegar ao fim.
19 Tomara, ó Deus, desses cabo do perverso; apartai-vos,
pois, de mim, homens de sangue.
20 Eles se rebelam insidiosamente contra ti e como teus ini-
migos falam malícia.
21 Não aborreço eu, SENHOR, os que te aborrecem? E não
abomino os que contra ti se levantam?
22 Aborreço-os com ódio consumado; para mim são inimigos
de fato.
23 Sonda-me, ó Deus, e conhece o meu coração, prova-me e
conhece os meus pensamentos;
24 vê se há em mim algum caminho mau e guia-me pelo
caminho eterno.

140 Contra inimigos e perfídias

(Para pedir proteção contra ações como a mentira, a calúnia, a violência. Para renovar a fé e a confiança na proteção divina).

1 Livra-me, SENHOR, do homem perverso, guarda-me do homem violento,

2 cujo coração maquina iniquidades e vive forjando contendas.

3 Aguçam a língua como a serpente; sob os lábios têm veneno de áspide.

4 Guarda-me, SENHOR, da mão dos ímpios, preserva-me do homem violento, os quais se empenham por me desviar os passos.

5 Os soberbos ocultaram armadilhas e cordas contra mim, estenderam-me uma rede à beira do caminho, armaram ciladas contra mim.

6 Digo ao SENHOR: tu és o meu Deus; acode, SENHOR, à voz das minhas súplicas.

7 Ó SENHOR, força da minha salvação, tu me protegeste a cabeça no dia da batalha.

8 Não concedas, SENHOR, ao ímpio os seus desejos; não permitas que vingue o seu mau propósito.

9 Se exaltam a cabeça os que me cercam, cubra-os a maldade dos seus lábios.

10 Caiam sobre eles brasas vivas, sejam atirados ao fogo, lançados em abismos para que não mais se levantem.

11 O caluniador não se estabelecerá na terra; ao homem violento, o mal o perseguirá com golpe sobre golpe.

12 Sei que o SENHOR manterá a causa do oprimido e o direito do necessitado.

13 Assim, os justos renderão graças ao teu nome; os retos habitarão na tua presença.

141 Oração vespertina por santificação e proteção.

(Para pedir o amparo e a proteção de Deus em todos os momentos da vida, contra as energias negativas e o ataque de inimigos).

1 SENHOR, a ti clamo, dá-te pressa em me acudir; inclina os ouvidos à minha voz, quando te invoco.

2 Suba à tua presença a minha oração, como incenso, e seja o erguer de minhas mãos como oferenda vespertina.

3 Põe guarda, SENHOR, à minha boca; vigia a porta dos meus lábios.

4 Não permitas que meu coração se incline para o mal, para a prática da perversidade na companhia de homens que são malfeitores; e não coma eu das suas iguarias.

5 Fira-me o justo, será isso mercê; repreenda-me, será como óleo sobre a minha cabeça, a qual não há de rejeitá-lo. Continuarei a orar enquanto os perversos praticam maldade.

6 Os seus juízes serão precipitados penha abaixo, mas ouvirão as minhas palavras, que são agradáveis,

7 ainda que sejam espalhados os meus ossos à boca da sepultura, quando se lavra e sulca a terra.

8 Pois em ti, SENHOR Deus, estão fitos os meus olhos: em ti confio; não desampares a minha alma.

9 Guarda-me dos laços que me armaram e das armadilhas dos que praticam iniquidade.

10 Caiam os ímpios nas suas próprias redes, enquanto eu, nesse meio tempo, me salvo incólume.

142 Oração no meio de grande perigo

(Para suplicar amparo, proteção e encorajamento nos momentos de grande provação e fraqueza espiritual).

1 Ao SENHOR ergo a minha voz e clamo, com a minha voz suplico ao SENHOR.

2 Derramo perante ele a minha queixa, à sua presença expo-
nho a minha tribulação.
3 Quando dentro de mim me esmorece o espírito, conheces
a minha vereda. No caminho em que ando, me ocultam
armadilha.
4 Olha à minha direita e vê, pois não há quem me reconhe-
ça, nenhum lugar de refúgio, ninguém que por mim se
interesse.
5 A ti clamo, SENHOR, e digo: tu és o meu refúgio, o meu
quinhão na terra dos viventes.
6 Atende o meu clamor, pois me vejo muito fraco. Livra-me
dos meus perseguidores, porque são mais fortes do que
eu.
7 Tira a minha alma do cárcere, para que eu dê graças ao teu
nome; os justos me rodearão, quando me fizeres esse bem.

143 Súplica por libertação

(Para afastar pensamentos ruins, fortalecer o espírito para enfrentar as tribulações da vida sem esmorecimento e pedir orientação sobre o melhor rumo a seguir).

1 Atende, SENHOR, a minha oração, dá ouvidos às minhas
súplicas. Responde-me, segundo a tua fidelidade, segun-
do a tua justiça.
2 Não entres em juízo com o teu servo, porque à tua vista
não há justo nenhum vivente.
3 Pois o inimigo me tem perseguido a alma; tem arrojado
por terra a minha vida; tem-me feito habitar na escuridão,
como aqueles que morreram há muito.
4 Por isso, dentro de mim esmorece o meu espírito, e o cora-
ção se vê turbado.
5 Lembro-me dos dias de outrora, penso em todos os teus
feitos e considero nas obras das tuas mãos.
6 A ti levanto as mãos; a minha alma anseia por ti, como

terra sedenta.
7 Dá-te pressa, SENHOR, em responder-me; o espírito me desfalece; não me escondas a tua face, para que eu não me torne como os que baixam à cova.
8 Faze-me ouvir, pela manhã, da tua graça, pois em ti confio; mostra-me o caminho por onde devo andar, porque a ti elevo a minha alma.
9 Livra-me, SENHOR, dos meus inimigos; pois em ti é que me refugio.
10 Ensina-me a fazer a tua vontade, pois tu és o meu Deus; guie-me o teu bom Espírito por terreno plano.
11 Vivifica-me, SENHOR, por amor do teu nome; por amor da tua justiça, tira da tribulação a minha alma.
12 E, por tua misericórdia, dá cabo dos meus inimigos e destrói todos os que me atribulam a alma, pois eu sou teu servo.

144 Ações de graças pela proteção de Deus

(Para livrar o espírito de sentimentos de angústia, abandono ou opressão. Para afastar a ação de pessoas falsas e maledicentes. Para pedir saúde e prosperidade para a família e amparo aos necessitados. Para que haja alimentos em abundância para toda a humanidade).

1 Bendito seja o SENHOR, rocha minha, que me adestra as mãos para a batalha e os dedos, para a guerra;
2 minha misericórdia e fortaleza minha, meu alto refúgio e meu libertador, meu escudo, aquele em quem confio e quem me submete o meu povo.
3 SENHOR, que é o homem para que dele tomes conhecimento? E o Filho do homem, para que o estimes?
4 O homem é como um sopro; os seus dias, como sombra que passa.
5 Abaixa, SENHOR, os teus céus e desce; toca os montes e fumegarão.

6 Despede relâmpagos e dispersa os meus inimigos; arre-
messa as tuas flechas e desbarata-os.
7 Estende a mão lá do alto; livra-me e arrebata-me das mui-
tas águas e do poder de estranhos,
8 cuja boca profere mentiras, e cuja direita é direita de fal-
sidade.
9 A ti, ó Deus, entoarei novo cântico; no saltério de dez cor-
das, te cantarei louvores.
10 É ele quem dá aos reis a vitória; quem livra da espada
maligna a Davi, seu servo.
11 Livra-me e salva-me do poder de estranhos, cuja boca
profere mentiras e cuja direita é direita de falsidade.
12 Que nossos filhos sejam, na sua mocidade, como plantas
viçosas, e nossa filhas, como pedras angulares, lavradas
como colunas de palácio;
13 que transbordem os nossos celeiros, atulhados de toda
sorte de provisões; que os nossos rebanhos produzam a
milhares e a dezena de milhares em nossos campos;
14 que as nossas vacas andem pejadas, não lhes haja rotura,
nem mau sucesso. Não haja gritos de lamento em nossas
praças.
15 Bem-aventurado o povo a quem assim sucede! Sim, bem-
-aventurado é o povo cujo Deus é o SENHOR!

145 A bondade, grandeza e providência de Deus

(Para renovar a fé e confiança em Deus e despertar, no coração, a disposição de agir sempre com bondade e compreensão).

1 Exaltar-te-ei, ó Deus meu e Rei; bendirei o teu nome para
todo o sempre.
2 Todos os dias te bendirei e louvarei o teu nome para todo
o sempre.
3 Grande é o SENHOR e mui digno de ser louvado; a sua

grandeza é insondável.
4 Uma geração louvará a outra geração as tuas obras e anunciará os teus poderosos feitos.
5 Meditarei no glorioso esplendor da tua majestade e nas tuas maravilhas.
6 Falar-se-á do poder dos teus feitos tremendos, e contarei a tua grandeza.
7 Divulgarão a memória de tua muita bondade e com júbilo celebrarão a tua justiça.
8 Benigno e misericordioso é o SENHOR, tardio em irar-se e de grande clemência.
9 O SENHOR é bom para todos, e as suas ternas misericórdias permeiam todas as suas obras.
10 Todas as tuas obras te renderão graças, SENHOR; e os teus santos te bendirão.
11 Falarão da glória do teu reino e confessarão o teu poder,
12 para que aos filhos dos homens se façam notórios os teus poderosos feitos e a glória da majestade do teu reino.
13 O teu reino é o de todos os séculos, e o teu domínio subsiste por todas as gerações. O SENHOR é fiel em todas as suas palavras e santo em todas as suas obras.
14 O SENHOR sustém os que vacilam e apruma todos os prostrados.
15 Em ti esperam os olhos de todos, e tu, a seu tempo, lhes dás o alimento.
16 Abres a mão e satisfazes de benevolência a todo vivente.
17 Justo é o SENHOR em todos os seus caminhos, benigno em todas as suas obras.
18 Perto está o SENHOR de todos os que o invocam, de todos os que o invocam em verdade.
19 Ele acode à vontade dos que o temem; atende-lhes o clamor e os salva.
20 O SENHOR guarda a todos os que o amam; porém os ímpios serão exterminados.

21 Profira a minha boca louvores ao SENHOR, e toda carne
louve o seu santo nome, para todo o sempre.

146 A fraqueza do homem e a fidelidade de Deus

(Para renovar o sentimento de respeito às leis de Deus e a confiança em sua bondade e justiça).

1 Aleluia! Louva, ó minha alma, ao SENHOR.
2 Louvarei ao SENHOR durante a minha vida; cantarei
louvores ao meu Deus, enquanto eu viver.
3 Não confieis em príncipes, nem nos filhos dos homens,
em quem não há salvação.
4 Sai-lhes o espírito, e eles tornam ao pó; nesse mesmo dia,
perecem todos os seus desígnios.
5 Bem-aventurado aquele que tem o Deus de Jacó por seu
auxílio, cuja esperança está no SENHOR, seu Deus,
6 que fez os céus e a terra, o mar e tudo o que neles há e
mantém para sempre a sua fidelidade.
7 Que faz justiça aos oprimidos e dá pão aos que têm fome.
O SENHOR liberta os encarcerados.
8 O SENHOR abre os olhos aos cegos, o SENHOR levan-
ta os abatidos, o SENHOR ama os justos.
9 O SENHOR guarda o peregrino, ampara o órfão e a viú-
va, porém transtorna o caminho dos ímpios.
10 O SENHOR reina para sempre; o teu Deus, ó Sião, reina
de geração em geração. Aleluia!

147 Louvor ao Deus Todo-poderoso

(Proteção contra as calamidades públicas. Reconhecimento do poder e sabedoria divina).

1 Louvai ao SENHOR, porque é bom e amável cantar lou-
vores ao nosso Deus; fica-lhe bem o cântico de louvor.

2 O SENHOR edifica Jerusalém e congrega os dispersos de
Israel;
3 sara os de coração quebrantado e lhes pensa as feridas.
4 Conta o número das estrelas, chamando-as todas pelo seu
nome.
5 Grande é o SENHOR nosso e mui poderoso; o seu enten-
dimento não se pode medir.
6 O SENHOR ampara os humildes e dá com os ímpios em
terra.
7 Cantai ao SENHOR com ações de graças; entoai louvores,
ao som da harpa, ao nosso Deus,
8 que cobre de nuvens os céus, prepara a chuva para a terra,
faz brotar nos montes a erva
9 e dá alimento aos animais e aos filhos dos corvos, quando
clamam.
10 Não faz caso da força do cavalo, nem se compraz nos mús-
culos do guerreiro.
11 Agrada-se o SENHOR dos que o temem e dos que espe-
ram na sua misericórdia.
12 Louva, Jerusalém, ao SENHOR; louva, Sião, ao teu Deus.
13 Pois ele reforçou as trancas das tuas portas e abençoou os
teus filhos, dentro de ti;
14 estabeleceu a paz nas tuas fronteiras e te farta com o melhor
do trigo.
15 Ele envia as suas ordens à terra, e sua palavra corre veloz-
mente;
16 dá a neve como lã e espalha a geada como cinza.
17 Ele arroja o seu gelo em migalhas; quem resiste ao seu frio?
18 Manda a sua palavra e o derrete; faz soprar o vento, e as
águas correm.
19 Mostra a sua palavra a Jacó, as suas leis e os seus preceitos,
a Israel.
20 Não fez assim a nenhuma outra nação; todas ignoram os
seus preceitos. Aleluia!

148 Um coro de aleluias

(Em louvor a Deus, soberano Criador).

1 Aleluia! Louvai ao SENHOR do alto dos céus, louvai-o nas alturas.
2 Louvai-o, todos os seus anjos; louvai-o, todas as suas legiões celestes.
3 Louvai-o, sol e lua; louvai-o, todas as estrelas luzentes.
4 Louvai-o, céus dos céus e as águas que estão acima do firmamento.
5 Louvem o nome do SENHOR, pois mandou ele, e foram criados.
6 E os estabeleceu para todo o sempre; fixou-lhes uma ordem que não passará.
7 Louvai ao SENHOR da terra, monstros marinhos e abismos todos;
8 fogo e saraiva, neve e vapor e ventos procelosos que lhe executam a palavra;
9 montes e todos os outeiros, árvores frutíferas e todos os cedros;
10 feras e gados, répteis e voláteis;
11 reis da terra e todos os povos, príncipes e todos os juízes da terra;
12 rapazes e donzelas, velhos e crianças.
13 Louvem o nome do SENHOR, porque só o seu nome é excelso; a sua majestade é acima da terra e do céu.
14 Ele exalta o poder do seu povo, o louvor de todos os seus santos, dos filhos de Israel, povo que lhe é chegado. Aleluia!

149 Os fiéis louvam a Deus

(Para louvar a Deus e suplicar proteção aos fracos e oprimidos).

1 Aleluia! Cantai ao SENHOR um novo cântico e o seu louvor, na assembleia dos santos.

2 Regozije-se Israel no seu Criador, exultem no seu Rei os
filhos de Sião.
3 Louvem-lhe o nome com flauta; cantem-lhe salmos com
adufe e harpa.
4 Porque o SENHOR se agrada do seu povo e de salvação
adorna os humildes.
5 Exultem de glória os santos, no seu leito cantem de júbilo.
6 Nos seus lábios estejam os altos louvores a Deus, nas suas
mãos, espada de dois gumes,
7 para exercer vingança entre as nações e castigo sobre os
povos;
8 para meter os seus reis em cadeias e os seus nobres, em
grilhões de ferro;
9 para executar contra eles a sentença escrita, o que será
honra para todos os seus santos. Aleluia!

150 Doxologia final

(Para louvar a Deus e atrair alegria à alma).

1 Aleluia! Louvai a Deus no seu santuário; louvai-o no fir-
mamento, obra do seu poder.
2 Louvai-o pelos seus poderosos feitos; louvai-o consoante
a sua muita grandeza.
3 Louvai-o ao som da trombeta; louvai-o com saltério e com
harpa.
4 Louvai-o com adufes e danças; louvai-o com instrumentos
de cordas e com flautas.
5 Louvai-o com címbalos sonoros; louvai-o com címbalos
retumbantes.
6 Todo ser que respira louve ao SENHOR. Aleluia!